樂遊台灣

あなたに見せたい
ときめきの台湾

30 個此生必遊的台灣景點，帶你玩出最不一樣的道地滋味

樂寫團隊

25

讓台灣的美，被世界看見

近十年有一半左右的時間我都在海外求學、工作、又或是旅行。

「我來自台灣，你去過台灣嗎？」

「你去過台灣呀，你最喜歡台灣的什麼地方？」

這些對話，相信不只是我，跟我一樣在外的遊子們一定也都不陌生。每當這些海外的朋友問我：「台灣！我非常想去台灣，如果我有一個假期，你會推薦我去幾天？哪些地方是一定要去的？」

我常常想，除了好吃的鼎泰豐、美味的珍珠奶茶、遠近馳名的夜市文化、還有自大航海時代就有的「福爾摩沙 美麗之島」美稱，具體還有什麼是我心目中最想讓海外朋友認識的我的家鄉？

除了物美價廉的美食，北部一些著名的旅遊景點、地標及商圈，想破腦袋的我常常也沒能端出更好的建議。為什麼明明知道這個家園不只有美食，卻在要對外國朋友介紹時，才發覺我對於家園的美，了解得太少，能說明的太少。

這個問題一直困擾著我，終於讓我二度在日本長住的 2018 年，找到了答案。還記得那是一個加班到深夜的冬天，從車站走回家的路上，遠遠的就看見一個賣番薯的小貨車，用柴火烤蕃薯的車上一塵不染。老先生慢條斯理地打開烤箱，挑了一個番薯，一邊秤著重量一邊緩緩地跟我說：「妳一定會喜歡，我的番薯是這一帶最好的」。

望著他亮晶晶的雙眼，充滿自信地將熱騰騰的番薯遞到我的手上，那一刻，我終於明白，唯有完全認同心中、手中的東西，才能夠「大切な」（日文：十分慎重的）將這份認同，真正的傳遞到另一個人的心裡。

當時剛加入「瘋城樂寫」的我，非常幸運能在創辦人 Rick 的邀請下，接下了拓展海外活動的專案。瘋城樂寫在台灣一直致力於提升國際交流、發展偏鄉計畫、推廣在地文化，而以寫作為主的「樂寫」，樂在寫作，更是致力將瘋城部落活動的「動」轉化成能永久流傳的「文字」。「一個好的活動還有結束的時刻，

但是一段好的文字，可以永久流傳」，我心想，這從台灣出口的第一步，就從一本「自我認同」出版品做起吧！

　　透過了一個線上的問卷，我們讓社群朋友們投出心目中最棒的 Top 30 台灣景點，在沒有刻意篩選的情況下，這些景點竟正好遍佈台灣東南西北的各個角落。從大家熟知的九份、台北 101，到連身為台灣人的我都還沒有機會深入走訪的太平山、武陵農場。我深信，透過團隊文字的力量，我們一定能帶著所有旅人，玩出最不一樣的道地滋味。

　　出版的過程當中，非常感謝四塊玉出版社的知遇之恩，讓我們這個的年輕的寫作團隊，能一圓這個商業出版的夢。更要謝謝每一位曾經參與投票、文字撰寫、現地取景、甚至是參與過樂寫活動以及在出書過程中每一位給我們幫助的所有人。

　　最重要的是我更想藉著這個機會，謝謝我的團隊，在出版路上給予很多商業出版建議的遇有望顧問、齋藤みず穗顧問、孟霖（Rick），專職文字編輯的正裕、榕珊、翌禾（凱西）、容凰、思瑜、怡青、健銘，負責設計美編的子悅，以及拍出深受大家喜愛照片的攝影師舜傑（Jeff）、琤媛。

　　謝謝你們在這台商業出版的列車上，與首次擔任列車長的我一起在無數個週末及夜裡奮鬥。一個人要出一本書很困難，但一群人合出一本書，就不這麼難了。《樂遊台灣》這是一本屬於大家的書，讓我們帶著它，讓更多人愛上這個美麗的家園，而我們將會帶著這份認同，讓台灣的美，被世界看見。

樂寫商業出版企劃總監
張琬菁 (Hana Chang)

張琬菁 Hana

謝謝你們，讓我認識不一樣的台灣

帶外國朋友在台灣旅行，一直是我很感興趣的活動，從大學開始，就時常有機會接待外國學生，帶他們品嚐道地美食。那時候並沒有智慧型手機，為了這些英文翻譯，常常要事先做功課，也意外發現了很多不為人知的故事。

十幾年過去了，旅行十多個國家，最難忘的依然是家鄉的風景，一望無際的太平洋，是我放空的地方；海拔 3275 公尺的武嶺，風景媲美瑞士山林，短短幾個小時的行程，可以從大海到高山，這不算小的島嶼，蘊含著各種地質景觀，而更重要的是，這裡有一群友善的人，默默耕耘及記錄這塊土地的故事。

我們是「樂寫」。

四年前，當環島旅行分享會結束後，我看到許多熱情的聽眾，也想為自己的家鄉、朋友寫一些故事，只是一直不知道如何開始，因此我決定進行一個寫作計畫，邀請大家共同創作。這些年來，透過助教及線上學習制度，許多學員順利達到專欄作家等級，並且出版人生中第一本書。看著他們在台上發表，有種孩子長大的感動，而他們的成長，也讓這個平台被更多人看見。

去年年初，在 Hana 的加入下，這個平台首次國際化，這本《樂遊台灣》，是 2019 最新力作，裡面蒐集網友票選最佳的 30 個景點，結合每位作者的觀察，呈現出獨一無二的知性觀點。每篇故事都是作者的生命故事，也是他們最希望讓讀者看到的家鄉。

當讀者看完這本書時，或許會驚呼原來有這麼多沒去過的地方，或者在旅行的過程中，突然明白作者群的人生閱歷，甚至因為書中的某句話，而勇敢踏上自我探索之路。我都期盼，這本書是一個起點，是作者及讀者們一起實現自我的起點，也是鼓勵更多人繼續認識台灣的一個起點。

更希望有一天，你們看完這本書後，能加入這個「圓夢寫手」計畫，圓自己出書的夢，也圓別人被看見的夢。萬事起頭難，但有目標、勇氣及夥伴後就不難。這裡有太多學員成長蛻變的例子，而他們成功的關鍵就是「堅持」與「熱情」。

堅持一個對的目標，在生活中尋找熱情。

　　這本耗時一年半的作品，是第三屆團員心血結晶，也是樂寫平台成立以來最重要的代表作。在此，我要勉勵所有為這本書努力堅持的夥伴：「帶著寫作的熱情，朝未知旅途邁進吧！謝謝你們，讓我認識不一樣的台灣。」

樂寫創辦人
吳孟霖 (Rick)

目錄 CONTENT

02 作者序——讓台灣的美,被世界看見

04 作者序——謝謝你們,讓我認識不一樣的台灣

08 精選Top 30——不可不遊的台灣風景

12 行程推薦——城市與郊區,感受不同人文風情

14 行程推薦——美食與自然景色,怎麼選都好玩

16 行程推薦——無論怎麼搭配,都有滿滿人情味

18 行程推薦——各種路線搭配,帶你放鬆走走

Chapter 1 北部
都市與近郊的樂活

22 北投
搭捷運就能到,探尋溫泉鄉的文化魅力

31 陽明山
一天體驗草原、高山及溫泉行程

38 淡水
北台灣商業與文化的對外門戶

45 北海岸
靠山靠海的北海岸是個體驗奇石、看海放空的絕佳地方

53 台北101
台灣最高建築——台北101

58 士林夜市
台北最高打卡熱點

63 象山
在象山,眺望台北天際線

67 九份
九份山城的特色建築——穿屋巷

Chapter 2 中部
自然與藝術的共存

74 日月潭
島嶼中央的一輪明鏡

81 阿里山
孕育生命的謐靜神山

88 合歡山
走在台灣東西部分野的稜線

95 鹿港
五感雜陳的百年繁華遇上現代創意

103 溪頭
人間仙境般的森林浴場

110 清境農場
沉浸在療癒的山景與綿羊群中

115 高美濕地
面對退潮的海岸,看見自己的海闊天空

120 勤美商圈
揉雜自然與藝術之地

125 武陵農場
歡迎光臨雪霸國家公園

Chapter 3 南部
新城與舊城的洗禮

132 安平
站在台灣歷史的起源地，翻玩老街新形象

140 旗津
守護高雄港的小島

148 四草綠色隧道
綠色樹蔭、生態之旅、台灣袖珍版亞馬遜

153 花園夜市
後起之秀的巨大規模夜市

159 國華街與正興街
準備好空肚子，保證讓你從頭吃到尾的兩條街

165 西子灣
離市區最近的觀海美地

170 駁二藝術特區
幾百遍都玩不膩的藝世界

Chapter 4 東部
青山與碧海的包圍

178 太魯閣
台灣人心中最美的國家公園

186 都蘭
台灣最美風景與最美人情味的後山部落

193 七星潭
擁抱太平洋的溫柔

198 太麻里金針花海
黃澄澄的地毯，夏季限定！

204 太平山見晴懷古步道
全球最美 28 條小路之一

210 明池
四季變換宛如百變女郎的自然景色

精選 Top**30** ── 不可不遊的台灣風景

2018 年年初，「樂寫」歷經線上遴選，篩選出了台灣旅人心目中「此生必須一遊」的前 30 名經典景點，透過在地旅人的目光，帶領讀者遊覽這 30 處美麗風景。

TOP **1** 太魯閣

參照頁數 P.178
特色為峽谷和斷崖，崖壁峭立，景緻清幽，名列台灣八景之一。

TOP **2** 九份

參照頁數 P.67
早期因為盛產金礦而興盛，礦坑挖掘殆盡後一度沒落。

TOP **3** 日月潭

參照頁數 P.74
為日潭與月潭之合稱，因其雙潭水色各異而得名。

TOP **4** 阿里山

參照頁數 P.81
鐵道、日出、雲海、晚霞、神木，吸引著各國旅客爭相前往朝聖。

TOP **5** 合歡山

參照頁數 P.88
素有「雪鄉」之稱，春夏季可賞花景，冬季則有機會賞雪。

四草 TOP **6** 綠色隧道

參照頁數 P.148
擁有紅樹林所形成綠色隧道及溼地景觀，吸引遊客駐足。

TOP **7** 安平

參照頁數 P.132
擁有相當豐富的古蹟，境內許多房屋與
習俗仍持續流傳。

TOP **8** 西子灣

參照頁數 P.165
以夕陽美景及天然礁石聞名，是台灣名
景之一。

TOP **9** 七星潭

參照頁數 P.193
花蓮縣唯一的縣級風景區，連接太魯閣
國家公園、東海岸和花東縱谷國家風景
區。

TOP **10** 清境農場

參照頁數 P.110
可以走進在翠綠的草原中，與可愛綿羊
近距離互動的熱門旅遊景點。

TOP **11** 鹿港

參照頁數 P.95
能夠發掘新舊文化交融風貌的重要文化
古城。

TOP **12** 高美濕地

參照頁數 P.115
觀賞夕陽絕景，探索淡水注水與潮汐交
替所構成的生態。

TOP **13** 武陵農場

參照頁數 P.125
是親近雪霸國家公園的重要遊憩據點，
設有櫻花鉤吻鮭生態中心。

TOP **14** 陽明山

參照頁數 P.31
一年四季風貌多變的美麗山景，台北人
的後山公園。

TOP **15** 北投

參照頁數 P.22
台灣溫泉史源頭，具珍貴的溫泉資源、
古老建築和豐富人文歷史。

TOP 16 北海岸

參照頁數 P.45
台灣北端，觀賞山海美景、體驗奇石，放空的絕佳地方。

TOP 17 太麻里金針花海

參照頁數 P.198
每年暑假 8 月到 9 月間，可以見到黃澄澄的金針花盛放的美景。

TOP 18 都蘭

照頁數 P.186
東部海岸南段最大、最美、最有人情味的後山部落。

TOP 19 駁二

參照頁數 P.170
高雄最重要的藝術基地，親子同樂的好去處。

TOP 20 太平山見晴懷古步道

參照頁數 P.204
知名生態旅遊地，一年四季有各種中高海拔山林風情吸引遊客前往。

TOP 21 花園夜市

參照頁數 P.153
無敵多美食的流動型夜市，近 400 個攤位，吃喝玩樂所有願望一次滿足。

TOP 22 淡水

參照頁數 P.38
倚賴河川與海而生，文化與美景匯流的地方。

TOP 23 士林夜市

參照頁數 P.58
台北地區佔地最大的夜市，美食種類多元，經濟實惠。

TOP 24 台北 101

參照頁數 P.53
台灣最高建築，經典跨年煙火秀的施放場地。

TOP 25 象山

參照頁數 P.63
海拔 183 公尺，登頂眺望，可一覽台北盆地的地景。

TOP 26 勤美商圈

參照頁數 P.120
揉雜自然與藝術的文創展區。

TOP 27 溪頭

照頁數 P.103
氣候溫暖濕潤，以中海拔林相為主，包含有柳杉、台灣杉、檜木等等，非常豐富。

TOP 28 國華街與正興街

參照頁數 P.159
巷弄和菜市場，經典的在地口味，甜鹹小吃的集散地。

TOP 29 旗津

參照頁數 P.140
遠望港灣絕美地平線，吹拂海風、大啖海鮮。

TOP 30 明池

參照頁數 P.210
海拔 1150～1700 公尺間的高山湖泊，氣候涼爽宜人，是著名的避暑勝地。

　　繽紛多變的北台灣，不只有熱鬧繁華的都市景致，近郊更是有著多樣的醉人景色，可以探索珍貴的自然奇景，還能尋覓隱藏在巷弄間的歷史故事，想要感受不一樣的悠閒時光，馬上就出發吧！

一日遊推薦方案 A：北投懷舊之旅

北投圖書館（P.25） ▶ **北投溫泉博物館（P.24）** ▶ **梅庭（P.27）** ▶
台灣首座綠建築圖書館。 　一探台灣溫泉發展史。 　書法迷必來朝聖之處。

法鼓山農禪寺（P.26）
水月道場感受沉靜莊嚴的氛圍。

一日遊推薦方案 B：北海岸自然之旅

萬里開漳聖王（P.46） ▶ **金山老街（P.48）** ▶ **老梅石槽（P.46）** ▶
有百年歷史的文化資產── 　清朝時期繁榮的 　世界級特殊美景。
淨港文化祭。 　商業大街。

米詩堤極北藍點咖啡廳（P.49）
一邊享用甜點一邊觀賞絕美海景。

半日遊推薦方案 A：台北景觀之旅

象山（P.63）▶ 台北 101（P.53）
登頂眺望，台北風　　到台灣最高建築，享受
光盡收眼底。　　　　台北絕景。

半日遊推薦方案 B：城市漫步之旅

台北 101（P.53）▶ 士林夜市（P.58）
到台灣最高建築，享受　　美食、雜貨，應有盡有。
台北絕景。

半日遊推薦方案 C：懷舊山色之旅

九份（P.67）▶ 象山（P.63）
感受山城的文化　　登頂眺望，台北風
景致。　　　　　　光盡收眼底。

行程推薦 美食與自然景色，怎麼選都好玩

　　穿梭在阿里山與日月潭的山水之間，可以在農場餵著可愛綿羊，也能在高美濕地盡情踏水。轉眼間又來到繁華的鹿港小鎮，大啖道地蚵仔煎、牛舌餅，中台灣的多樣面貌，總是令人著迷不已。

一日遊推薦方案 A：阿里山探索之旅

二延平步道（P.82） ▶ **奮起湖（P.85）** ▶ **來吉部落廚房（P.84）** ▶

眺望山巒，欣賞隙頂的階梯茶園。

以鐵路便當、老街與自然景色聞名。

手工與在地食材，嘗得到新鮮原始的味道。

鹿林神木（P.83）

感受森林古道的神秘與神木的壯闊。

一日遊推薦方案 B：鹿港文化之旅

第一零售市場（P.99） ▶ **鹿港老街（P.97）** ▶ **桂花巷藝術村（P.98）** ▶

無法抗拒，美食、小吃的大本營。

歷史人文風采，古樸小鎮氣息。

老建築翻身，活化成藝術空間。

台灣玻璃館（P.97）

一窺創新的玻璃藝術工法。

半日遊推薦方案 A：藝術美景之旅

勤美商圈（P.120）▶ **高美濕地**（P.115）
藝術與人文薈萃的精華　　豐富濕地生態，最美天空
地段。　　　　　　　　　之鏡。

半日遊推薦方案 B：山水自然之旅

日月潭（P.74）▶ **溪頭**（P.103）
島嶼中央的一輪明鏡。　人間仙境般的森林浴場。

半日遊推薦方案 C：農場樂活之旅

清境農場（P.110）▶ **武陵農場**（P.125）
感受山景與療癒的綿羊　　粉櫻爆棚，春天賞花必訪
互動。　　　　　　　　之地。

行程推薦 無論怎麼搭配，都有滿滿人情味

　　充滿熱情的南台灣，到哪裡都可以玩得盡興，可以在港口享受一頓新鮮直送的海產，也可以暢遊熱鬧老街，沉浸在文化風情與購物愉快中，如此美妙的滋味，不親自來一次，怎麼可以？

一日遊推薦方案 A：安平歷史之旅

漁光島（P.136）▶ **夕遊出張所（P.133）**▶ **億載金城（P.134）**▶
島上美麗的「月牙灣」　　　　來為自己訂做獨一無二的鹽！　　乘坐天鵝船悠閒環繞護
是旅人必去景點。　　　　　　　　　　　　　　　　　　城河。

安平老街（P.135）
來場視覺與嗅覺的精采
饗宴。

一日遊推薦方案 B：旗津海洋之旅

旗後砲臺（P.143）▶ **舢舨文化保存基地（P.144）**▶ **旗津貝殼館（P.145）**▶
純白的八角形磚造燈塔　　感受旗津舊有獨特文化。　　　　超過 2000 種貝類等你欣賞。
宛若來到希臘。

旗津老街（P.142）
大啖新鮮直送的海產。

半日遊推薦方案 A：台南樂活之旅

四草綠色隧道（P.148）▶ **花園夜市**（P.153）
探訪台灣袖珍版亞馬遜。　　　香味撲鼻的口腹饗宴。

半日遊推薦方案 B：台南精采之旅

四草綠色隧道（P.148）▶ **國華街與正興街**（P.159）
探訪台灣袖珍版亞馬遜。　　　從街頭走到街尾，美食一籮筐。

半日遊推薦方案 C：高雄慢活之旅

駁二藝術特區（P.170）▶ **西子灣**（P.165）
舊倉庫改建的文創天地。　　　在中山大學眺望最美
　　　　　　　　　　　　　海景。

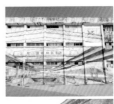

行程推薦 各種路線搭配，帶你放鬆走走

依山傍水的東台灣，有著令人驚嘆的山海景觀，奔放且自由的生活步調，清新的空氣，總能振奮你的精神，想要一掃煩憂，一定要來這些人間仙境走一遭。

一日遊推薦方案 A：太魯閣生態之旅

燕子口（P.181） ▶ **長春祠（P.180）** ▶ **砂卡礑步道（P.179）** ▶
地形、生態與人文特色
兼具的步道。

湧泉飛瀑，享受靜謐優
雅的景色。

溪水與蓊鬱的森林，處處
展現生機。

清水斷崖（P.182）
欣賞太平洋海天一色，
山海對峙之美。

一日遊推薦方案 B：都蘭悠閒之旅

加路蘭風景區（P.189） ▶ **都蘭國小（P.188）** ▶ **新東糖廠（P.188）** ▶
最靠近海洋的地方，能見到孤
懸在太平洋的綠島。

阿美族特色，經典書包
的產地。

紅糖製造所轉型文創部
落。

月光小棧（P.187）
知名電影場景，走進復古
時空。

半日遊推薦方案 A：宜蘭自然之旅

太平山見晴懷古步道（P.204） ▶ **明池（P.210）**
全球最美28條小路之一，見晴懷古步　　宛如仙境的避暑勝地。
道的所在地。

半日遊推薦方案 B：東部山海之旅

太魯閣（P.178） ▶ **七星潭（P.193）**
台灣人心中最美的國家　　優美弧形海灣，可遠
公園。　　眺青山蒼鬱，公路綿
　　延。

半日遊推薦方案 C：台東奇景之旅

加路蘭風景區（P.189） ▶ **太麻里金針花海（P.198）**
最靠近海洋的地方，能見到孤　　黃澄澄的金針花海，夏季限定！
懸在太平洋的綠島。

北部

都市與近郊的樂活

繽紛多變的北台灣，
不只有熱鬧繁華的都市景致，
近郊更是有著多樣的醉人景色，
可以探索珍貴的自然奇景，
還能尋覓隱藏在巷弄間的歷史故事，
想要感受不一樣的悠閒時光，馬上就出發吧！

15 北投
ベイトウ
タイ ベイ シー
台北市

搭捷運就能到，探尋溫泉鄉的文化魅力

位在台北市最北端，又被稱作「女巫的故鄉」。關於此別稱的由來眾說紛紜，有種說法是本區溫泉熱氣終年不斷，煙霧瀰漫，讓原住民認為是有女巫居住於此。而北投這個地名在當地原住民「凱達格蘭族」的族語中，指的就是「女巫」的意思。

若想一窺這奇幻的溫泉迷霧，可以經由台北捷運系統來到北端的北投站，再換乘新北投支線，隨著彩繪車廂緩慢的步伐，抵達保有豐富文化氣息的新北投站。過去，因為捷運的開工與通車，使得舊車站受到拆除遷移。近年來，在當地居民的努力爭取下，百年建築終於在 2017 年以「返鄉」之姿重回新北投，成為今日熱門觀光景點。

相較於繁華的商業區，北投地區懷舊的風味使人神往，其慢活的步調也適合銀髮族群，公園內常見老人們聚集談天，傳統市場也有許多讓人垂涎三尺的小吃等你挖掘！

攝影│洪舜傑

攝影│洪舜傑

攝影｜吳孟霖

北投溫泉博物館
台灣溫泉史的源頭

　　北投溫泉可說是台灣溫泉史的源頭，在日治時代即已聲名大噪，西元 1896 年，日本商人便於此設立台灣第一家溫泉旅館天狗庵，其遺跡（石階與石柱）保留在北投加賀屋旁，作為歷史的見證。

　　位在北投公園後方的北投溫泉博物館是日治時代的公共浴場，設有溫泉浴池、休憩室、餐廳、娛樂室等，在當時號稱是「東亞地區最大型的浴場」。後來歷經修復後重建為博物館，目前被列為國家 3 級古蹟。

　　博物館內除了展示溫泉博物館的修復過程，也展示當地溫泉業的發展歷史。在地下 2 樓的溫泉大浴池更是參觀重點之一，當時大浴池只有男性可以入內沐浴，女性是禁止進入的，一旁還展示了早期北投溫泉的刷子、水瓢和水桶等用品，頗具時代特色。

　　北投溫泉的溫度介於攝氏37～40度之間，PH值2.5～6.5，有白磺、青磺、鐵磺 3 種，在這一帶也常見許多身穿和服的日本遊客來此泡湯享受，喜愛溫泉的你絕對不能錯過！

北投圖書館
全球最美的圖書館之一

　　曾受美國娛樂藝文新聞網站 Flavorwire 評選為「全球最美的 25 座公立圖書館」之一的北投圖書館,是台灣首座綠建築圖書館,也是國內唯一上榜的圖書館。厭倦了台北街頭繁忙的步伐,不妨躲到綠樹間,一窺這座最美圖書館迷人的丰姿。

　　位在北投公園內,與溫泉博物館比鄰,範圍涵蓋地下 1 層、地上 2 層,坐擁一片綠意盎然的生機,以及祥和的自然清音。設計上以木材為主要建物,大片玻璃窗將陽光引入館內,屋頂則有太陽能板發電。此外,還有斜坡草皮可將雨水排至回收槽,將水資源回收重複利用,減少不必要的浪費。

　　館內有大量圖書與期刊雜誌提供參閱,也有討論區與會議室,地下 1 樓則專設為兒童室,每到假日總能見親子在此共讀同樂。每個樓層外的陽台還被規畫為戶外閱讀區,好天氣時,能見到當地居民或往來的旅客停留於此,坐在木長椅上享受閒適的氛圍。

攝影｜洪舜傑

矮仔財滷肉飯

排隊等候再久也要嘗上一口,在地人最愛的懷舊滋味。

⌂ 台北市北投區新市街30號2樓
　（北投市場436號攤位）

☎ 0932-386-789

🕐 07：00～13：30（賣完為止）
　（週一、週四公休）

蔡元益紅茶

在地知名飲品老店,傳承半世紀的好味道。

⌂ 台北市北投區新市街15號
　（北投市場）

☎ 02-2891-0602

🕐 08：00～22：00
　（週一公休）

攝影｜陳容凰

法鼓山農禪寺

以禪修生活為主,務農為生

　　法鼓山是台灣之宗教團體,創辦人為聖嚴法師。農禪寺位在北投區大業路上,近捷運奇岩站,於 1971 年由東初老人率領弟子建造,並在 1975 年正式落成啟用,以禪修生活為主,務農為生。寺院成立宗旨乃從事佛教教育、文化與社會關懷工作,並積極推動佛法和漢傳佛教精神。

　　農禪寺在後來又歷經改建,建築師姚仁喜依照聖嚴法師的指示,以「空中花,水中月」的設計概念打造出著名的水月道場。遵循樸實與簡潔的理念,農禪寺不如一般寺廟有繁複多餘的裝飾,顯得清爽大方。遠遠望去,池面上的道場與水中倒影彷彿代表並存的實與虛,池邊一整排的灰白色長廊給人清爽乾淨的印象,牆面上還鏤刻著五千多字的《金剛經》。白晝時在陽光的照耀下,園內光明且清幽閑靜;傍晚時分,在黑夜的簇擁下,燈火通明的道場更添一分神秘色彩。

　　寺內莊嚴肅穆,紀律嚴謹,到訪的旅客須留意相關參觀規定,穿著莊重樸素的衣服,遵守節約的美德,並降低音量、切勿笑鬧喧嘩。

梅庭
于右任先生的避暑別館

　　從北投公園為起點開始步行，沿途會見到北投圖書館與溫泉博物館，而梅庭就位於兩者之後，坐落在地勢較高的山坡地上。

　　建於 1930 年代，是為前監察院長于右任先生的避暑別館。于右任先生擅長書法，尤擅長草書，享有「民國四大書法家」的美名。一來到入園處，便可看見由于右任先生親自題字的招牌。此外，在梅庭內也保有他許多書法作品，是書法迷必來朝聖之處。

攝影｜黃翌禾

　　梅庭共分上下兩層，上層為日式的木構架建築，白天時陽光從木頭窗櫺透入屋內，與窗外一片綠意共織成朝氣蓬勃的景致。下層為混凝土造的防空室，建造當時正值太平洋戰爭，與一旁的防空壕遺跡遙相呼應，頗具歷史與時代意義。

　　近來，北市政府也積極在梅庭設展，與周邊的觀光景點做結合，推廣北投在地文化。來到梅庭，除了可以避暑，享受自然的清靜氛圍，也可藉由室內陳列的簡介更加了解在地故事，是一個寓教於樂的熱門景點。

INFO

搭乘台北捷運淡水信義線（紅線），至北投站（R22）轉乘至新北投站（R22A）。

 旅人帶路

女巫的故鄉：煙霧繚繞的溫泉鄉

在台灣台語片盛行的民國 40、50 年代（西元 1951～1960 年間），北投素有「台語片的好萊塢」之盛名，許多的電影都是以北投做為場景。在這裡有一座橫跨北投溪、歷經百年的吉他橋，就是著名的台語老電影《溫泉鄉的吉他》的拍攝場景。拜訪此地時，不妨也來當當帥氣男主角，站在橋上拍張照吧！

北投機車快遞在民國 50、60 年代（西元 1961～1970 年間）相當盛行，在當時，機車是載送酒店小姐往來各地的交通工具。隨著時代變遷，交通日漸便捷發達，機車快遞的需求量銳減，現已成為當地特色之一，主要服務當地居民，或提供來訪的遊客不一樣的體驗。

除了感受穿梭在歷史所留下的事物，經光明路走路不用十分鐘即可抵達北投市場。北投市場是台北市歷史最悠久的傳統市場，市場 2 樓有許多美味的銅板美食。例如排隊再久也要吃的滷肉飯、雞捲、米粉湯、潤餅、剉冰、肉羹等等。在這裡，即使是不經意的角落，都能吃到令人回味無窮的小吃。

旅人
介紹

李青璟

三個孩子的爸，自稱帥氣奶爸，最愛帶著小朋友出去奔跑，北投便是一家人時常造訪之地。看見孩子開心的笑容，彷彿自己也回到童年歲月。

巫女の故郷——霧が立ちのぼる温泉郷

　なぜ新北投は「巫女の故郷」と呼ばれているのでしょう？ある説によると、ここの温泉の熱気が絶えることがなく、年中温泉の霧が立ちこめているため、それを見た人々が「巫女がまじないをしている」と思ったからだとか。「北投」というこの地名は、原地の言葉の凱達格蘭語で「パッタオ」と読み、「巫女」意味しています。

　新北投捷運駅を出て右に、旧新北投鉄道駅があります。ここは人気の観光スポットで、1937年に竣工しました。1988年、メトロの開通で取り壊されましたが、彰化県に移設されました。2017年に再び新北投に移され、当時の工法により、在りし日の姿に修復されました。

　道路を渡ると、台北市内でもっとも美しい図書館があります。木材を用いて自然と融合させ、ガラスの壁によって自然光を図書館内へ取り込んでいます。温泉博物館（日本統治時代の公共浴場）では北投と地元の温泉の発展史を展示で紹介しています。

　北投温泉は日本統治時代から有名な湯治場として知られていました。1896年、最初の温泉旅館「天狗庵」が開業しました。旅館の遺跡（階段と門柱）は北投加賀屋のそばに保存されており、歴史を証明しています。北投温泉には白硫黄、青硫黄、鉄硫黄の2種類の硫黄が湧いており、PH値は2.5～6.5、温度は37～40度です。温泉ファンは見逃せないスポットです！

　台湾映画が流行した民国40～50年代（1951～1960年）に北投は「台湾のハリウッド」の名で知られていました。多くの台湾映画はこの北投を舞台にしていました。100年の歴史がある吉他橋（ギター橋）は、有名な台湾映画「温泉郷的吉他（邦題：「湯の町エレジー」）」のロケ地です。この地でイケメン俳優になりきって写真を撮りましょう。

　北投のバイク便は民国50～60年代（1961～1970年）に流行し、当時はホステスさんを方々へ送る交通手段でしたが、今は地元住民と観光客のためのサービスを提供しています。みなさんも是非体験してください。

　歴史の流れを感じさせるスポット以外にも、光明路ぞいに10分以内の徒歩圏内に北投市場があります。この市場は台北市で最も古い市場です。2階にはたくさんのB級グルメがあります。ならんででも食べて欲しい滷肉飯、雞捲、米粉湯、潤餅、剉冰、肉羹などのグルメがあります。北投市場ではちょっと目立たないような場所でも、最高のグルメに出会うことができますよ。

攝影｜洪舜傑

（ アクセス ）

　台北捷運淡水信義線（紅線）に乗り、北投駅（R22）で乗り換えて新北投駅（R22A）へ。

14
<ruby>台北市<rt>タイ ベイ シー</rt></ruby>

<ruby>陽明山<rt>ヤ ン ミ ン シャン</rt></ruby>
一天體驗草原、高山及溫泉行程

　　面積涵蓋台北市的士林、北投區，以及新北市的萬里、金山、石門、三芝和淡水區，屬於大屯火山群的一部分。陽明山舊名草山，泛指大屯山、七星山、紗帽山和小觀音山一帶，而非單指一座山。日治時期，草山獲選為「台灣 8 景 12 勝」的 12 勝之一，被日本人稱為「台灣的箱根」。

　　西元 1985 年，政府在此設立陽明山國家公園，是全台第三座國家公園。除了國家公園外，全區也有規畫多個生態保護區，需要申請才能進入；亦有適合全家出遊踏青的公園，如前山公園、後山公園、七星公園等。

　　此地向來有「春季賞花；夏季賞蝶；秋季賞芒；冬季泡溫泉」之說，可見風情萬種的陽明山還能順應季節更迭，規畫出迥異的旅遊路線。無論你在何時造訪陽明山，都能得到截然不同的全新感受！

攝影｜張詠聖

攝影｜吳明益

陽明公園
每到春季，百花齊放

　　遠近馳名的陽明公園有前山公園與後山公園之分。陽明山公車總站至中山樓之間的範圍是前山公園，舊名中正公園，這裡的地勢較為平坦，另外區分成 4 個園區，分別為一、二、三及四號園區，都在走路可到達之處。園內多處設有涼亭供休憩，還有清澈的潺潺流水，常見附近居民在此聚會聊天。雖不如後山公園的花季有名，但此地也有許多觀光花圃，春季時能看見茶花和種類繁盛的櫻花相繼盛放。

　　後山公園則是陽明山花季時遊客到訪的主要景點。在後山公園的廣場邊有一個巨型花鐘，以綠草為基底，並植滿許多花卉點綴。在遊客正盛的早上至下午期間，每半小時還會播放悅耳的音樂，是此地知名地標。每到春季，百花齊放的美景吸引眾多遊客前來賞花。順應人潮的湧入，當地也會擺起「花季美食街」，熱鬧非凡。若在春季來到此地，務必要來一睹陽明山花季的盛況！

攝影｜李冠儀

擎天崗遊憩區

與牛隻同樂，漫步芒草中

　　從捷運劍潭站搭乘首都客運小15公車，便可直達擎天崗遊憩區。一下公車，強勁的風從身邊呼嘯而過，就連烈日當頭的夏季也能感受到些許寒意。此地的景觀環境以一望無際的草原地為主，少有遮蔽物，因此建議遊客在春、秋兩季造訪。

　　日治時期，擎天崗被開闢為大嶺峠牧場，開始在此放牧牛隻。雖然歷經時代與產業的改變，今日的牛隻數量已大不如從前，僅存的牛隻多為早年放牧未領回而自然繁衍的野化水牛。然而，來到這裡的遊客無不受漫步在草原上的可愛牛隻吸引，爭相與之合影。除了與牛隻同樂外，秋、冬兩季是芒草盛開的時節，在芒草的妝點下，擎天崗換上銀白色的新裝，好不浪漫。

　　隨著園區內規畫的木棧道慢行，爬越一座又一座緩坡，沿途欣賞草原風光。走累的時候，不妨就坐在柔軟的草地上，感受強勁的風與高山清新的空氣，放逐自己的身心靈在曠野流浪！

馬槽花藝村

泡湯兼享受美食，遠離塵囂的世外桃源。

⌂ 台北市北投區竹子湖路251巷20號1樓

📞 02-2861-6351

🕐 全年無休

亞尼克夢想村

舊時美軍宿舍改建而成。除了品味蛋糕，也能享受與家人、朋友同樂的幸福時光。

⌂ 台北市士林區長春街4巷481號

📞 02-2862-5609

🕐 平日10：30～20：00
　　週末09：30～20：00

攝影｜吳明益

冷水坑

其實一點也不「冷」

冷水坑的水其實有攝氏 40 度，一點也不「冷」，但是與陽明山境內其他溫泉相比確實比較低溫，因而得名。在冷水坑停車場旁有一呈乳白色的牛奶湖，因池底噴出的氣體含硫磺粒子，沉澱後而使得湖泊成乳白色。不過依照經驗而言，並非總是能見到乳白色的池水，有時因旱季水分不足會幾近乾涸；有時則因山中濃霧遮蔽了視線，需要碰運氣才能遇見。

從捷運劍潭站搭乘首都客運小 15 公車抵達擎天崗遊憩區的路上，便會經過冷水坑。冷水坑與擎天崗遊憩區相去不遠，若為喜愛踏青的遊客可跟從步道的指標，利用步行的方式往來兩地。此外，經由步道還可以前往橫跨冷水坑溪的菁山吊橋，或是順便造訪周邊的夢幻湖。夢幻湖中生長的臺灣水韭為臺灣特有種，不過由於夢幻湖被規畫為生態保護區，只能從觀景台上遠觀。

在享受登山之趣的同時，唯要留意此地秋冬之際易受東北季風影響，常有豐沛的雨量和水氣，建議旅客穿著具防滑功能的鞋子！

竹子湖
蓬萊米的故鄉

　　位於陽明山國家公園中心地帶，原為火山爆發後形成的天然堰塞湖，後因長時間的侵蝕使得湖水流失，成為肥沃的濕地。從捷運石牌站搭乘公車小8（捷運石牌站——竹子湖），或是從捷運北投站搭乘公車小9（台灣好行北投竹子湖線）皆可抵達此地。

　　日據時期，日本人引進日本的水稻種苗在全台各地試種，卻都因為環境及雜交問題而宣告失敗。唯獨擁有特殊氣候條件的竹子湖地區成功孕育稻種，並被稱為「蓬萊米」，因此竹子湖又被稱為「蓬萊米的故鄉」。後來，在中南部農作物的競爭之下，一年僅一穫的竹子湖蓬萊米失去優勢，進而在1970年代引入海芋種植，成為今日最主要的經濟作物。

　　緊接在陽明山花季之後的便是著名的竹子湖海芋季，每年約在海芋盛產期的3到5月舉行。除了廣為人知的純白色海芋外，當地農民也進一步研發出黃、紫色等各種顏色的品種，為海芋季增加不少看點。海芋季期間的假日，竹子湖地區會進行交通管制，建議來訪遊客以大眾運輸系統做為主要交通工具！

攝影｜周保華

INFO

🚌（1）前往台北車站北二門，搭乘260號公車，在終點陽明山站下車。

　　（2）搭乘台北捷運淡水信義線至劍潭站（R15），於一號出口搭乘紅5路線公車，在陽明山總站下車；或搭乘首都客運小15路線，於擎天崗站下車。

攝影｜洪舜傑

 旅人帶路

人在台北，體驗大自然美好風情

對我而言，位於台北市內的陽明山，有著和一般旅人不同的印象。

還記得小學以前，常常和父母親搭著公車，緩緩地來到擎天崗草原，在這裡放風箏、丟飛盤，或是在草地上野餐，享受悠閒的午後時光，有時候我們還要注意零星放牧的牛隻，深怕不小心打擾到牠們。

長大一點，父母親開始帶我們在陽明山健行。其中，二子坪步道是相對平易近人的一條路線，二子坪是大屯主峰及二子山間的火山凹地，步道約 1.8 公里左右，沿途可見各種植物生態，在蝴蝶季節的時候，又有蝴蝶步道之美稱。

上了國中之後，我們開始挑戰登山步道，步道起點是一座苗圃，目的地可以選擇七星主峰、七星公園或夢幻湖，在七星公園裡，不僅可以遠眺台北市區，還能遙望七星山。走完全程後，到附近泡個溫泉。這裡最具代表性的是硫磺泉，據說可以軟化角質、止癢排毒，對皮膚特別好。

跟我走吧，一起到陽明山的擎天崗，二子坪或七星山，看看記憶中的草原及高山，並且享受舒適的溫泉浴，人在台北，也能體驗大自然的美好風情喔！

 旅人介紹

吳孟霖

旅行作家、樂寫創辦人，足跡遍布歐美、中東、亞洲，曾入選為台灣百大旅行家，並受邀到TEDxTKU演講。喜歡旅行、攝影及寫作，陽明山便是深埋著許多回憶的一片土地，希望用親身經歷，讓更多人看見這裡的故事。

台北にいながら体験できる大自然

　小学校に入る前、私はよく両親とバスに乗って、ぶらりと擎天崗草原に連れて来てもらいました。凧揚げをしたり、フリスビーを投げたり、草の上でご飯を食べたりして、のんびりとした午後のひと時を楽しみました。時には、あちこちで放牧する牛たちに気をつけながら、彼らの邪魔をしないように気を使いました。

　少し大きくなると、両親は私をハイキングに連れて行ってくれました。その中でも二子坪歩道は比較的やさしい道です。二子坪は大屯の主峰と二子山の間のくぼ地にあたります。歩道の距離は約1.8キロほどで、道路に沿って様々な種類の植物の生態に触れることができます。蝶が舞う季節には、「蝶の歩道」という美しい呼び名で呼ばれます。

　中学生になり、登山に挑戦するようになりました。登山道は苗圃をスタート地点として、ゴールは七星主峰、七星公園、夢幻湖の中から選びました。七星公園では台北市内を一望できるだけではなく、七星山をはるかに眺めることもできます。目標を達成した後は、近くの温泉に浸かりました。ここには最も代表的な硫黄の温泉があり、角質を柔らかくし、デトックス効果があるなど、皮膚にとても良い効能があります。

　一緒に、陽明山の擎天崗、二子坪や七星山に行きませんか? 草原や高山を見て、心地よい温泉に浸かると、台北にいながらにして、大自然の美しい風情を体験できますよ。

アクセス

(1) 捷運（メトロ）の劍潭駅（１番出口左側）から紅５路線バス、または小15路線バスで、陽明山国家公園へ。

(2) 台北駅（北二門出口）から大都會客運 260 路線バスで陽明山国家公園へ。

22 淡水

<ruby>淡水<rt>ダンシュイ</rt></ruby>

北台灣商業與文化的對外門戶

新北市

　　位在新北市西北方，西臨台灣海峽，有北台灣最大的河川淡水河流經。自古以來，淡水便是貿易船隻停泊的商業據點。17 世紀時，統治北台灣的西班牙人亦是從淡水港口登陸台灣。因此，淡水地區可謂西方文化進入北台灣的起始點。後來，由於淡水河道淤塞與河川沿線港市興起的緣故，人口逐漸從淡水河口向內遷徙。今日的淡水也許沒有過去黃金時代那般繁華興盛，卻仍憑藉積累的歷史資本，展現舊市鎮的生命力。當你搭乘捷運從台北市來到淡水地區，你能看見瑟縮在大都會邊境的小市鎮隱隱散發著自我魅力。沿著充斥小吃與美食的淡水老街散步，觀賞日落與海，還可以搭乘船隻到對岸的八里左岸地區。倚賴河川與海而生的淡水，絕對是你造訪北台灣時不可錯過的景點。

攝影｜洪舜傑

攝影｜洪舜傑

真理大學
馬偕帶來的新式教育據點

　　台灣基督教長老教會創辦的私立大學，在 19 世紀時，加拿大傳教師馬偕來到淡水地區，選定真理大學作為傳教據點，推廣醫療觀念、興辦教育事業。從捷運淡水站下車後，捷運站外便有許多行經真理大學的公車可轉乘，近來也有淡海輕軌設站於此，提供另一種通勤選擇。

　　位在真理大學內的牛津學堂是棟中西合璧的建築，當時由馬偕博士親自設計並監工落成，為紀念家鄉牛津郡人們的捐款，命名為牛津學堂，又名理學堂大書院。漫步在真理大學內，你能感受來自古今中外的知識力量，感念把新式教育帶入台灣這個蕞爾小島的前人先賢。

　　此外，採哥德式風格設計的大禮拜堂也是不容錯過的景點，合計 10 層樓高的禮堂內還設有全台最高的巨型管風琴。大禮拜堂的外型則是以「虛心祈禱的手」為主視覺，重複的尖拱造型除了象徵基督教義，也隱含祈禱的意象。不過，平時大禮堂是不對外開放的，需要登記申請才能入內參觀。

紅毛城
見證近代列強的激烈紛爭

　　包含紅毛城主堡、前英國領事官邸以及清治時期所建造的南門。紅毛城最早為西班牙人所建，後由荷蘭人修繕重整，因當時漢人稱荷蘭人「紅毛」而得名，後來則有英國人租借作為領事館。歷經多民族來去的足跡，讓紅毛城呈現不同的風格面貌。

　　紅毛城主堡原為軍事用途，是一座方形城堡，地基深、牆厚實，適合用來防衛。城堡分為上、下 2 層樓，2 樓露臺設有槍眼以抵禦外來的入侵者。爾後，英國人在主堡東側興建商業用途的領事官邸，在當時主要用來照顧英國領事的起居，不同於方形主堡的剛強，領事官邸的紅磚迴廊及斜屋頂顯得溫暖細緻，華麗氣派。位於園區入口處的南門是園區裡唯一的中國式建築，採用觀音山石條堆砌而成，十分堅固。清初時，原建有東、西、南、北四座城門，今僅存南門，餘 3 座已遭拆除、封閉。

　　雖然比不上外國動輒歷經千百年的古堡，但紅毛城可說是世界近代歷史的見證人。若你是個熱愛文化與歷史的遊客，當你自這棟土紅色的建築遠眺淡水美景，懷想當時列強搶占台灣島的激烈紛爭，必能對今日紅毛城的寧靜祥和發出興嘆。

攝影｜何健銘

漁人碼頭
觀賞海景與落日的絕佳場所

　　除了搭乘公車抵達外，旅客也可以沿淡水河岸騎乘單車，或是在附近店家租借摩托車、電動車前往碼頭。相較於老街周遭往來淡水與八里的觀光船隻，在漁人碼頭你能看見更多私人的小船，還有在船隻上浮沉的老翁。

　　白色風帆造型的人行跨海大橋是漁人碼頭的招牌地標，又名情人橋，橫跨港區，連接木棧道與觀光漁市。夏日裡在明媚的陽光與藍綠色的海水輝映下，吸引許多遊客駐足拍照。到了夜晚，橋身還會變換燈光，別具另一番風味。

　　海面上搭建的木棧道長約 320 公尺，是觀賞海景與落日的絕佳場所。漫步其上，則像走入一條受大海擁抱的木頭道路，平靜的海面與舒爽的海風讓人忘了時間的流動。

　　此外，在這裡還有高達百米的旋轉淡水情人塔，不論是前方的落地觀景窗，還是座位後方的背面牆都可以全景透視，從觀景塔上俯視，遊客可將淡海美景盡收眼底。

攝影｜陳容凰

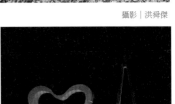

攝影｜洪舜傑

攝影｜陳容凰

特色小吃

阿媽的酸梅湯

除主原料梅子外，還添加眾多中藥材，是淡水老街必喝消暑飲品。

⌂ 新北市淡水區中正路135-1號
☎ 02-2621-2119
🕐 10：00～20：00
　（全年無休）

阿婆鐵蛋

多次回鍋重複滷製陰乾，時間與技術淬鍊出有嚼勁的外皮。

⌂ 新北市淡水區中正路135-1號
☎ 02-2625-1625
🕐 09：00～21：30
　（全年無休）

淡海輕軌──幾米主題公共藝術
在行進間閱讀繪本故事

2018年底，籌畫多年的淡海輕軌試營運，這條兼具通勤與觀光功能的捷運路線吸引許多人前來試乘。淡海輕軌行經路線以新北市淡水區為主，是台灣北部第一條輕軌系統，也是第一條完全行經於新北市的大眾捷運系統，周邊地區仍在規畫階段，未來有望將八里、三芝地區納入行駛路線中。

除了方便的輕軌系統外，輕軌綠山線沿途的公車站，還有台灣著名繪本畫家幾米筆下的人物迎接民眾下車，療癒的人像與小動物深得大人小孩的心，成為近來熱門的打卡景點。

歷時2年，幾米以「淡水在地文化特色」為主題，用主角小女孩的視角，帶領遊客遊覽淡水，領略在地美好風光。幾米將輕軌沿線各站的候車空間變成一張張大型畫布，打破站與站是個別站體的概念，讓遊客能在列車的行駛與靠站間閱讀幾米的作品，賦予公共藝術不一樣的欣賞方式，也給遊客獨特的乘車體驗。

INFO

🚌（1）搭乘高鐵或台鐵至台北站，轉乘台北捷運淡水信義線，於終點淡水站（R28）下車。
- 馬偕街：中正路步行15分鐘可到
- 牛津學堂、馬偕先生故居：淡水站搭乘公車857、836、紅26到紅毛城（真理大學）站，步行約6分鐘後可抵達（真理大學內）。
- 淡海輕軌（綠山線）：搭乘台北捷運淡水信義線，於紅樹林站（R27）出站轉乘。

攝影｜王琿媛

 旅人帶路

在淡水，追尋馬偕先生的足跡！

　　你一定沒想過，來到淡水不但能吃到很多美味的台灣小吃，飽覽淡水河的美景。在這裡，你還能跟著我的腳步，一起探索這位對北台灣現代化有著重要貢獻的加拿大基督教宣教士：馬偕先生的足跡。

　　1872 年的 3 月 7 號下午 3 點，馬偕先生在淡水登陸，從此將他的一生奉獻給了這塊土地。作為一位傳教士，先生所創立的第一間教會為現在的台灣基督教長老教會淡水教會，其哥德復興式的建築頗負盛名。馬偕先生也是一位醫師，在他的一生總共為台灣人拔了 2 萬顆以上的蛀牙。他也是台灣現代西式教育及女子教育的先驅，在 1882 年及 1884 年分別創立了牛津學堂和淡水女學堂。

　　來到淡水，你不妨先到淡水河岸邊見見馬偕先生聳立的銅像，再走進牛津學堂和馬偕故居，看看馬偕先生用過的物品，聽聽他與其家族的故事。最後，別忘了到滬尾街醫館，了解一下這間北台灣第一間西式醫院的故事吧！

旅人介紹

何健銘

1988年生於台北，喜歡閱讀、飲酒、旅行（實際上與精神上的）、聽各式各樣的故事……大多時在台北活動，唯一的出國是2年前的東京，從此之後便將日本當成第二故鄉。自比為「在時間之海中優游的歷史人」，在一次造訪淡水後深受感動，邀請大家一同來閱讀淡水迷人的歷史文化。

淡水に行くなら、馬偕先生の足跡を探るべし！

淡水といえば、ただ美味しい点心をたくさん食べて、美しい河の風景を存分に楽しむ場所だなんて思っていませんか? 私はみなさんの手を取って、北部台湾の近代化に重要な貢献をした、カナダ人キリスト教宣教師、馬偕（ジョージ・L・マッケイ）先生の足跡を案内したいと思います。

馬偕先生は1872年（明治5年）3月7日にここ淡水に上陸し、以来生涯をこの淡水のために捧げました。宣教師の彼が創立した教会が、台湾基督長老教会の淡水教会です。礼拝堂は「ゴシック・リヴアイヴァル建築」としても有名です。医者でもあった彼は、生涯でなんと2万本以上の虫歯を抜いたと言われています。さらに彼は台湾の西洋教育、女子教育の先駆者でもあります。その遺産ともいえるのが、1882年（明治15年）につくられた「牛津学堂」と1884年（明治17年）につくられた「淡水女学堂」です。

みなさん、淡水に着いたらまず馬偕先生の淡水上陸地にそびえる銅像を探してみましょう。そして「牛津学堂」、「馬偕先生故居」で馬偕先生の愛用品を見学し、彼と家族の献身的な人生の歩みに耳を傾けてみてはいかがですか。最後は忘れずに「滬尾偕醫館」（Hobe MacKay Hospital）でこの台湾北部に初めてつくられた西洋式医院の物語もぜひ聞いてください。

アクセス

(1) 高鉄または台鉄に乗り台北駅で下車、台北捷運淡水信義線に乗り換えて淡水駅 (R28) で下車。
- 馬偕街：淡水駅から中正路ぞいに徒歩 15 分。
- 牛津学堂、馬偕先生故居：淡水駅でバス 857 番、赤い 26 番と 836 番に乗り「紅毛城（真理大学站）」で下車し、徒歩 6 分ほどで到着（真理大学内）。
- 淡海ライトレール（緑山線）：台北捷運淡水信義線に乗り、紅樹林駅 (R27) で乗り換え。

16
新北市

北海岸
ベ イ ハ イ ア ン

靠山靠海的北海岸是個體驗奇石、看海放空的絕佳地方

　　顧名思義就是台灣北部靠近海岸的城鎮，一般來說是從三芝到金山、石門和萬里的區域。

　　三芝區有山景也有海景，淺水灣是從淡水出發後最近的沙灘；石門區有相當多的景點，包括老梅石槽、富貴角燈塔、石門婚紗廣場、白沙灣遊憩區，途中也有不少景觀咖啡廳供旅客休息；若是提到金山就不得不提到金山鴨肉，鮮美多汁的鴨肉是許多饕客必定造訪品嘗的行程；而萬里區的野柳地質公園，園內有野柳女王頭，是著名的風化地形景觀。

　　在台灣有一場獲得 IAAF（國際田徑總會）銅標認證的馬拉松賽事—萬金石馬拉松，其路線正經過萬里、金山、石門地區的山海風景，讓選手足以享受北海岸的景點特色。每年吸引眾多選手參賽，其中不乏國際頂尖選手也爭相報名，原因是此賽事成績若有達到奧運門檻，可以被承認成為奧運國手。

攝影｜黃翌禾

萬里開漳聖王

水裡來、火裡去的淨港文化祭

萬里區居民大多以捕撈漁獲海鮮營生，因此開漳聖王是當地居民心中的守護神，萬里開漳聖王位於野柳保安宮。每年元宵節除了廣為人知的「北天燈、南蜂炮」以外，由保安宮舉辦的淨港文化祭也會在此時隆重登場，此節慶活動超過百年歷史，為少數被公告登錄為民俗文化資產的活動。

淨港文化祭有著全台唯一「水裡來、火裡去」的宗教儀式，包括淨海巡洋、漁獲滿艙、神明淨港、神明過火，出巡的神明不僅只有開漳聖王而已，還有媽祖、周倉將軍和土地公等眾神，神職人員會扛著神轎下港巡視驅逐水中鬼怪，隨後再進入漁港，以祈求未來出海滿載而歸、入港平安歸來，接著他們會赤腳走過火堆進行神明過火的儀式來去除霉運。在鑼鼓喧天熱鬧的氛圍裡，現場也有許多新鮮漁港美食搭配祈福米來料理，目的是為了讓參與活動的民眾，也能夠獲得福氣以及神明的庇佑。

老梅石槽

綠意盎然的生態奇觀

全台稀有的世界級特殊美景，位於沙灘外的火山岩經由海水侵蝕，成為一道道整齊排列的溝槽，岩岸總長度約 2 公里，而石槽約有 50 公分深，每當 3 月到 5 月期間，海藻會依附在岩石及溝槽上，形成所謂的綠石槽，放眼望去綠意盎然，如此「綠地」搭配蔚藍的海洋與雲朵相襯的藍天，構成如詩如畫的美景，因此往往會吸引許多民眾慕名前往。

一般自然死去的藻類其殘骸會硬化成為石灰質，新的藻類會依附在上，最後堆疊出現在所看到的藻礁。但是如此美麗的綠石槽可禁不起外力的踩踏，除了藻類會提早死去以外，更會破壞藻礁的構造，讓藻類無法再依附在石槽上，無法形成生態循環，石槽也會變得光禿，屆時美景恐將不復存在，呼籲遊客只可遠觀不可褻玩焉。若違反規定直接踩上礁岩，管理機關得依「發展觀光條例」第 62 條規定處新台幣 3 萬元以上 10 萬元以下罰鍰。

攝影│洪舜傑

攝影│洪舜傑

攝影│吳孟霖

金山鴨肉

多年老店，具有豐富的菜色及鮮嫩多汁的鴨肉，是旅客來到金山老街必吃的美食。

⌂ 新北市金山區金包里街104號

☏ 02-2498-1656

⏲ 每天09：00～18：30
　（全年無休）

米詩堤極北藍點

坐落在岸邊的海景咖啡廳，白淨的建築由廢棄軍營改建，具有不失規矩的氣勢。

⌂ 新北市石門區頭圍段八甲小段
　1-101號

☏ 02-2638-3957

⏲ 週日～週四10：30～19：00
　週五～週六10：30～20：00

金山老街

金山區裡最古老的一條街

　　又稱金包里老街，依照原住民口音翻譯而來，位於台灣東北角，是清朝時期繁榮的商業大街，也是金山區裡最古老的一條街。

　　雖然經過歷史的洗禮，多數建物不得不改建，但是街上仍充斥著古色古香的歷史痕跡，比如老街路口的廣安宮，正是見證先民開墾過程的歷史建物。老街也保留不少傳統店家，更有各式各樣的特色小吃，像是遠近馳名的超人氣廟口鴨肉小吃攤，使用飼養超過4個月的土番鴨，肉質相當鮮美且有嚼勁，搭配獨門醬汁替美食大大加分。

　　更別說還有使用新鮮水果為食材的雪豹冰城、純手工製作的蛋捲或冰淇淋，以及卜肉、蚵仔酥、烤紅心番薯等等老街美食，只有親自到訪老街享用的旅客，才明白為何這些食物會如此讓人趨之若鶩、欲罷不能。

　　另外，老街上也有販售許多農產品，像是芋頭、山菜、山藥、地瓜，還有一些令人意想不到的副產品，如地瓜冰淇淋，讓旅客不禁好奇的想要品嘗一番。

攝影｜洪舜傑

米詩堤極北藍點咖啡廳
享用黃金泡芙，觀賞絕美海景

　　位於金山區的台2線上，大約在老梅石槽和白沙灣這兩個景點中間。由於北海岸是以往重要軍事要塞，在台灣解嚴過後，隨著海軍更換據點，原本的軍營也因此廢棄。在2015年時經由管理機關重新改建，也正因為該軍營在台灣最北邊也最靠近海洋，因此命名為「極北藍點」。後來在2017年時，由米詩堤甜點王國接手經營，而成為目前所看到的咖啡廳，無論從哪一個角度觀賞，仍保留下當時的軍營氣勢，吸引相當多遊客爭相拍照打卡。

　　其中最大特色是在店內面對大海的落地窗前的座位，可以直接看到一片海洋與浪花，因此有不少遊客途中會停留休息片刻，更別說米詩堤是瑞芳及九份一帶的著名甜點店，現在在北海岸就可以購買，尤其是那有著地瓜內餡的黃金泡芙，與一般所看到的泡芙口味不同，是許多遊客一定會購買的甜點美食，另外也有許多蛋糕甜品以及咖啡飲品供消費者選用，讓旅客一邊享用一邊觀賞絕美海景。

INFO

🚌（1）於國光客運台北車站（捷運台北車站M2出口），搭乘台北─金山青年活動中心，到金山站
　　　（金山郵局）下車。

　　（2）於台北捷運淡水站（R28），搭乘淡水客運863線，沿途經過三芝、石門、萬里、金山。

　　（3）於基隆車站仁祥診所前搭乘基隆客運790線，沿途經過萬里、野柳（海線）、金山等地。

攝影｜張琬菁

 旅人帶路

黃金湯「湯の花」、嘗地瓜、瘋媽祖就在金山

　　由三芝的淺水灣、石門的富基漁港、金山的朱銘美術館、萬里的野柳地質公園組成北台灣最美麗的海岸線，值得你與朋友一起租車或搭上台灣好行「皇冠北海岸線」，恣意地玩上兩天一夜。

　　沿著北部濱海公路行駛，進入金山區沿路有許多溫泉會館，供遊客享受來自大屯火山群的泉水，除有溫泉會館外，也有公共浴池，特別推薦「舊金山總督溫泉」，泉水是特別的黃金湯（湯の花）。

　　每年農曆３月全台瘋媽祖，金山也參與其中，金包里「慈護宮」的二媽要回娘家，從清代商業老街出發，徒步行走到發現二媽的野柳海蝕洞內。

　　而在金包里老街上，有品種豐富的地瓜供人選購，能一次嘗盡所有地瓜產品。旅行的終點就來杯手工粉圓吧！慈護宮旁的手工粉圓是老闆現搓、現做、現煮新鮮貨值得一嘗。

旅人介紹

龍珮寧

金山、野柳，在北海岸吹風，跟著二媽腳步回娘家，走進金包里感受清代的繁榮，空氣飄來地瓜香混雜著溫泉味道，我常常流連於此，距離台北不遠卻能放鬆感受山海風情之情，漁火閃閃是蹦火的熱鬧，再次感受古老文化的餘韻，就在這裏。

「瘋媽祖」を楽しむなら、ここ北台湾の「金山」へ！

　三芝の淺水灣、石門の富基漁港、金山の朱銘美術館、万里の野柳公園。これらは北台湾で最も美しい海岸線に位置しています。友たちと一緒にレンタカーまたは台湾好行観光定期バス「皇冠海岸線」に乗ってでゆったり1泊2日の旅をするのに最適です。

　最高のお泊りスポットは金山です。金山温泉に、金包里街のグルメがあります。城砦のような形をした金山青年活動センターで宿泊するのが通の選択です。

　北部の臨海道路沿いに走らせていくと、金山区の温泉旅館にたどりつきます。観光客が楽しむこの温泉の源は大屯山火山群です。高級な温泉旅館に行くことが必ずしも良いとは限りません。ぜひおすすめしたいのは、公共風呂での入浴です。金山温泉は海洋砂、硫黄、炭酸、鐵温の4つの温泉に分かれています。

　とりわけおすすめなのは、日本統治時代の総督府の温泉別荘「舊金山總督温泉」です。温泉は特別な黄金湯（湯の花）です。他にも磺港社区の公共風呂や金山青年活動センターもおすすめです。

　毎年旧暦3月には、台湾全土で「瘋媽祖（媽祖のお祭り）」があり、金山でも行われます。金山慈護宮に二媽が里帰りをするので、清の時代からの古い商店街から二媽が登場した野柳海蝕洞という洞窟まで歩いて行きます。この日は決まって引き潮の時で、洞窟が現れ、二媽が家に帰る頃、人々は祭祀を執り行います。

　金山の名物はサツマイモです。金包里老街で、紫心、台農66番、台農57番などのいろいろな品種のサツマイモが売られています。さらに日本の品種の紅芋、黄芋、紅芋、紫芋もあります。新鮮なサツマイモ以外にも、副産物としての芋チップス、芋アイス、芋団子などもあります。同じ場所でいろんなサツマイモを楽しめるのは、金山ならではです。

　お疲れですか？旅行のゴール地点で手作りのタピオカをどうぞ！商店街の金山慈護宮のそばで、老舗の「博愛中藥行」の店主が手作りタピオカの実演販売をしていて、新鮮な味わいを楽しめますよ！

攝影｜張詠聖

アクセス

台湾新幹線と鉄道の台北駅から、国光バス（金青中心行き）に乗り、金山バス停で下車。

(1) 国光客運台北車駅（捷運台北車駅 M2 出口）で「台北—金山青年活動中心」に乗り、「金山駅（金山郵局）」で下車。

(2) 台北捷運淡水駅（R28）で淡水客運 863 線に乗り、三芝、石門、萬里、金山を経由。

(3) 基隆車駅の仁祥診所前で基隆客運 790 線に乗り、萬里、野柳（海線）、金山などを経由。

24
台北市
タイ ペイ シー

タイ ペイ イー リンイー
台北101
台灣最高建築——台北101

　　台北101為台灣最高建築，共有101層樓高，曾在2004年至2010年間成為世界最高大樓，是台灣每年跨年燈光煙火秀的主體。而一年一度的垂直馬拉松與國際攝影大賽，更是具有指標性的經典賽事，每年皆吸引許多世界各地好手一同挑戰，並創造深刻的體驗與回憶。

　　在台北101建築內，擁有頂尖水準的辦公環境，吸引相當多世界級企業進駐，大樓內的上班族，各個西裝筆挺、時尚優雅、自信大方且專業，吸引不少優秀人才前往參訪或應徵，猶如美國曼哈頓的氛圍，令人憧憬與嚮往。

攝影｜洪舜傑

鼎泰豐

精巧手藝展現獨特的18摺小籠包，以及多道使用新鮮食材，下足不少功夫形成美味佳肴。

🏠 台北市信義區市府路45號B1

📞 02-8101-7799

🕐 週日至週四

　　11：00～21：30

　　週五、六及例假日前夕

　　11：00～22：00

隨意鳥地方101觀景餐廳

經典義大利麵食、炭烤牛排與海鮮緊抓顧客味蕾，用餐同時可眺望大台北的美景。

🏠 台北市信義區信義路五段7號85樓

📞 02-8101-0016

🕐 11：30～14：30

　　17：30～24：00

　　假日與週末下午茶

　　14：00～17：00

攝影｜洪舜傑

高空絕景，盡收台北風光

　　旅客可以在精品時尚的購物中心，享受美味佳肴，再搭乘超高速電梯，參觀樓內擁有世界最大、世界最重、世界唯一提供參觀的風阻尼球。抵達 89 樓室內觀景台與 91 樓戶外觀景台後，可以盡情享受寬闊的絕佳視野，將台北盆地的風光盡收眼底。

　　此外，在信義路五段一側的台北 101 門口處，有 2 個公共藝術裝置，分別為彩色磚牆及「LOVE」。在彩色磚牆上能夠看到有諸多姓名，那是為了紀念因興建台北 101 而不幸殉職的施工人員，以及所有參與建造的人員；LOVE 則是美國藝術大師 Robert Indiana 的作品，也是美國大都會城市的著名地標，101 大樓這座雕塑造價高達台幣 3000 萬，吸引不少遊客與結婚新人到此取景。

四四南村，現代與復古濃烈對比

　　台北 101 旁邊的台北世貿中心，每年都有許多展覽在此舉辦，走到馬路對面，就能穿越全台灣最貴的「adidas 101 籃球場」，球場後方有幾棟緊鄰排列的低矮房舍，這裡是信義公民會館，為早期眷村四四南村的舊址。隨著城市發展居民漸漸遷出，規畫重建為文創展覽空間，外觀保有原來的風貌，復古的歷史氛圍與台北 101 的現代感形成強烈對比。

　　若提到跨年煙火秀或是台北夜景的極佳欣賞地點，旅客除了可以在四四南村近距離觀賞外，也可以到在台北 101 周邊的象山親山步道，象山是時下不少年輕人踏青與攝影的好去處，也是許多國外旅客的熱門打卡地點。將台北 101 當作軸心，方圓幾里的路程內，集結傳統、時尚、教育、娛樂、藝術、自然、節慶、美食、國際視野於一身，正是台北 101 入圍旅客推薦 Top30 景點的原因。

攝影｜王珏媛

INFO

🚌 乘坐台鐵或高鐵於台北車站下車，轉乘台北捷運淡水信義線，於台北101／世貿站（R03）下車，4 號出口出站即可抵達。

攝影 ｜ 洪舜傑

 旅人帶路

傳統與現代共同發展的文創商圈

　　從玩笑到作夢，直到真正地活在夢中，是我始料未及。

　　在大學時和同學很常聊到爬101這個話題，當時只是有趣好玩，但也因此關注到台北101登高賽這場賽事，往後每一年都想參賽，卻每一年都沒有真正參與，原因是面對這高聳的建築著實讓人有些恐懼，尤其這是一種高強度運動。

　　觀望幾年後，直到認為自己已經準備好可以上場，才勇敢地挑戰這個成就，倚靠自己的力量站在91層樓的感受很不可思議，而觀景台上的其他選手們情緒也都非常激昂與歡樂，是個很難得的體驗。

　　此外，放假時刻也很喜歡到世界貿易中心裡，逛著各類展覽擴展自己的視野，逛累了還能到附近的四四南村稍坐休息，看著熙熙攘攘的人們，或是從背包裡拿出一本書籍細細閱讀著，讓自己忙碌的人生停頓片刻，休息一下。

旅人介紹

陳容凰

穿梭在虛擬遊戲與現實生活的玩家，堅信必須「用自殺式的配速，玩個會記得的人生」並以此做為玩家哲學。出生於台北，時常到世貿逛展或附近商辦大樓洽公，曾參與一年一度的台北101國際登高賽。

新たなクリエイティブ商業圏にそびえる台北101

　　台北101は台湾一高い建築で、地上101階まであります。毎年恒例の年越しカウントダウン花火を主催しています。このタワーは2004年から2010年までは世界一高い建築でした。毎年ここで開催している階段駆け上がりマラソンと国際写真大会は重要な国際試合です。いつも世界中のプロが一堂に会して挑戦するので、貴重な一戦を目にすることができます。

　　台北101の中には、世界レベルのオフィス環境だけでなく、グルメと特選ファッションが楽しめるショッピングモールも併設しています。超高速エレベーターに乗ると、世界最大（直径5.5m）かつ最重量（660t）で、唯一公開されているチューンド・マス・ダンパー（台北101を風圧から守る設備）を見学できます。89階の屋内展望台と91階の屋外展望台では存分にパノラマを楽しむことができ、台北盆地の景色を一望のもとにみわたせます。

　　風景を楽しんだ後、信義路五段側にある台北101出入り口から外に出ると、カラフルなレンガで描かれた「LOVE」の文字があります。さらにレンガ塀にはたくさんの名前が描かれています。これはこの台北101の建築に携わり、殉職したスタッフと、すべてのスタッフを記念してつくられました。「LOVE」はアメリカの芸術家ロバート・インディアナの作品です。値段は三千万台湾ドルにのぼります。多くの新郎新婦や観光客たちがこの場所で記念写真を撮っています。

　　台北101のそばの台北貿易センターでは、毎年いろいろな展覧会が開催されています。道の向こう側には台湾で地価が一番高い「アディダス101バスケットボール場」があります。この後方にあるいくつかの低い建物が「信義公民會館」で、もともと眷村「四四南村」（戦後中国から渡ってきた人たちのためにつくられた集落）だったところです。都市が開発されていくにつれ、住民たちは転出していき、この地は新たなクリエイティブ商業圏として利用されています。もともとの雰囲気は残されており、このレトロな雰囲気と台北101のコントラストはインパクト大です。年越しのカウントダウン花火を鑑賞できる場所のひとつでもあります。

──[アクセス]

台鉄または高鉄に乗り、台北駅で下車、台北捷運淡水信義線に乗り換えて台北101／世貿駅で下車、4号出口を出ると到着。

士林夜市
シーリンイエシー

23
台北市
タイペイシー

台北最高打卡熱點

台北地區佔地最大的夜市，以陽明戲院為軸心，向外擴散至文林路與基河路，連同大東路與大南路也是夜市範圍。士林夜市靠近捷運士林站與劍潭站，附近也有公車停靠站，在交通方面可說是非常方便，加上鄰近各級學區，消費者以年輕族群或學生居多，原本夜市是由攤販聚集而成，但隨著規模日漸遽增，當地的地主商家們紛紛開設店面搶佔商機，由於各式各樣的商家林立，美食種類也愈來愈多元，皆是經濟實惠的傳統小吃，價格也比其他地方的商家更加平易近人。

陽明戲院區域為美味小吃集中區，多種方便手持的小吃可以讓人邊走邊吃，像是外皮酥脆的豪大大雞排、直火炭烤的串烤、美味多汁的士林大香腸、內餡鮮美的生煎包、多種中藥熬煮的十全排骨湯、新鮮可口的生炒花枝、2種口感一起享用的大腸包小腸、鮮嫩多汁的炭烤杏鮑菇等，都是來到士林夜市不可錯過的美食，無論到哪個小吃攤，都可以看到大排長龍。每道小吃分量也不少，很適合與三五好友一起分食享用。

攝影｜洪舜傑

廟宇、美食、雜貨，應有盡有

在大南路上兩側皆有小吃攤販林立，但不難發現隱身在士林夜市內的士林慈諴宮，慈諴宮又稱為士林媽祖廟，此廟與舊街神農宮、芝山巖惠濟宮為士林3大古廟，也是台北地區唯一保有3座戲台的廟宇。

在基河路沿途可以看到的士林市場，它位於文林路、大南路及基河路的中間街區，士林市場在西元1913年興建，早期為傳統零售市場，後來政府因環境衛生與公共安全問題，決定拆除老舊硬體設備進行改建，重新建造而成為現在所看到的樣貌，動線比以往更加清楚流暢。市場內地下美食街有不少老字號的美食，例如大餅包小餅、鼎邊銼、蚵仔煎、臭豆腐等等，雖然同一種美食，可能不止一家店在販售，但每個店家製作過程都有一點差異，等待著旅人親自探索。

大東路上多為各類百貨商品，如鞋子、衣服、飾品、包包、精品、家具、銀樓、寵物用品等，除馬路上的商家外，巷弄內更有許多文藝小店藏身於中，使得士林夜市成為台灣人最愛逛的夜市之一，也是許多外國旅客抵達台灣時必訪的夜市，平日人潮就已經不少，若到週末假日更是人山人海。

特色小吃

鍾家原上海生煎包

金黃色酥脆的外表，內餡使用精選的豬肉搭配青蔥，或是使用高麗菜及香菇製作而成。

⌂ 台北市士林區小東街38號
☎ 02-8861-2713
🕐 15：00～21：00（週三公休）

海友十全排骨

放入不只十種的中藥藥材，擁有獨特燉煮食材的流程，長時間燉煮，使湯頭具有豐富的層次感。

⌂ 台北市士林區大東路49號
☎ 02-2888-1959
🕐 週一～週六14：30～01：00
　　週日　　　14：30～00：00

INFO

🚍 搭乘台鐵或高鐵於台北車站下車，轉乘台北捷運淡水信義線至劍潭站（R15），往一號出口方向。

攝影｜洪舜傑

 旅人帶路

台灣夜市的神奇魅力

　　自古民以食為天，因此飲食對文化來說是很重要的部分。提到台灣的飲食文化你會想到什麼呢？沒錯，答案就是夜市！

　　夜市提供不一樣的飲食體驗，除了營業時間從晚上開始外，餐點的選項更是多到令人目不暇給。我覺得夜市的魅力在於，分享食物的喜悅以及邊走邊吃的特色，夜市攤位的座位通常不多，所以邊走邊吃也是它獨特的魅力！在結束忙碌的一天，跟朋友或家人去夜市逛逛，邊走邊聊、邊走邊吃，這麼歡樂又平靜的時光，讓人很難不愛上這個氛圍！

　　士林夜市的魅力在於它的超人氣美食。著名的小吃有炸雞排、生煎包、蔥油餅、士林大香腸，而我最愛的小吃是烤杏鮑菇，藉由炭烤的方式將杏鮑菇的水分鎖在裡面，配上獨特的醬料一口咬下，超有滿足感的！

旅人介紹

林宛柔

在台北出生、長大。喜歡閱讀、旅行，憑藉著滿滿的熱情開始了寫作這條路。高中時，學校離士林夜市很近，因此也有許多機會向外國朋友介紹士林夜市，這次很榮幸能透過宛柔的文字讓大家更認識夜市文化。希望大家會喜歡這個美麗的寶島——台灣。

攝影｜陳容凰

攝影｜洪舜傑

台湾夜市の不思議な魅力

　古くから「民は食を以って天と為す」と言われるように、飲食はどの文化の中でも重要な位置を占めています。それでは、台湾の食文化と言ったら？　もちろん、答えは「夜市」です！

　台湾の観光局の統計によると、観光客の70％以上の人が夜市観光を旅程に入れています。では、夜市のどこにそんな魔力があるのでしょう？

　夜市では特別な食体験ができます。夜から営業するお店を除いても、選びきれないほどの店があります。夜市の魅力はあちこちら歩きながらグルメを楽しめるというところにあるのです。夜市のグルメはとにかく種類が豊富なので、より多くのグルメを楽しむためには友達と分け合うのが賢い方法です。座る場所も少ないので、食べ歩きをおすすめします。忙しい1日の終わりに、友達や家族と夜市で語り合いながら食べ歩きをするのは何とも楽しく心穏やかな時間です。この雰囲気を愛さない人はいません。

　今回紹介したいのは、台北市の中で規模が最も大きく、アクセス数が最も多いスポットで、現地の人にとっても子ども時代からの思い出深く、夜市といえば外すことのできない場所——士林夜市です！

　士林夜市は民國60年代（1970年代頃）に始まりました。初期は寺院の側の小さな夜市でしたが、文林路の商業地域が中心となって、人気とともに規模も大きくなり、文林路から東路、大南路、安平街などの地域にまで広がりました。その魅力はグルメにあります。フライドチキンに、焼きショウロンポウ、蔥油餅（ネギ餅）、士林大香腸（ビッグソーセージ）、そして私が最も愛する烤杏鮑菇（焼きエリンギ）は炭火焼でエリンギの水分を閉じこめるので、醤油をつけて食べるのが最高です。台湾に来たら、夜市のグルメ体験をぜひお忘れなく！

（アクセス）

台鉄または高鉄に乗り、台北駅で下車、台北捷運淡水信義線に乗り換えて、剣潭駅（R15）で下車、1号出口へ。

25

タイ ペイ シー
台北市

<ruby>象山<rt>シャンシャン</rt></ruby>

在象山，眺望台北天際線

　　位於台北市信義區，屬於台北盆地東緣的南港山系西北側山麓，交通方便，視野良好。因外形似象頭而得名，與鄰近的獅山、虎山、豹山、合稱為四獸山，主要由砂岩組成，因造山作用，步道中可見黃褐色陡峭的岩壁與巨石，加上自然環境生物、鳥類種類繁多，山頂海拔 183 公尺。步道沿線設有解說牌引導民眾參訪，認識整個山頭的特色，所以這裡也是最受歡迎的自然教室，一路上不愁沒有生態導覽，只要「按圖索驥」，自己就是山林解說員。

　　擁有稜線、岩壁、山坡、山窪、山谷等各種不同微環境，孕育出多種蕨類植物，其中又以金狗毛蕨與筆筒樹古老蕨類族群最大，數量居台北市之冠。在過去醫學普遍不發達的年代，金狗毛蕨是民間常用來止血的最佳良藥，而筆筒樹林則是台北市最珍貴的生態特色。潮濕的環境中，蝸牛的族群也十分可觀，像是斯文豪氏大蝸牛、煙管蝸牛，幾乎在整個山區都看得到。這裡本來就是低海拔的原始闊葉林，生態豐富多元，綠意萬千的山林，還有更多的驚喜等待你自己慢慢去發掘呢！

攝影｜洪舜傑　　　　　　　　　　　　　　　攝影｜黃翌禾

建忠牛肉麵（信義國中斜對面）

台北市高CP值牛肉麵，好吃又親民的價格，小菜和滷味選擇多樣化，不論醬油膏、辣椒油、朝天椒醬都是店家自製，讓你夾得安心、吃得開心！

🏠 台北市信義區莊敬路423巷8弄2號1樓

📞 0932-038-289

🕐 11：30～14：30
　　17：00～21：30
　　（週一公休）

攀上象山巨石，一覽繁華景色

　　其中盤踞山頭的六巨石是象山的地標景觀，巨石林立、景觀奇特，又稱老萊峽。從這裡攀上巨石可以一覽繁華的信義商圈，是一處熱門的拍照景點，清晨上山可以欣賞台北 101 大樓在晨曦中初醒的景象，黃昏更可見到信義區都會華廈，夕陽餘暉西下、華燈初上的夜晚景象，十分亮麗耀眼。而近松德院區方向有處名為一線天的駐腳點，因兩壁山脊線十分接近，巨崖岩壁突出遮天，山友自步道仰頭望天，只見崖壁縫隙間的天空又窄又細，因而稱為一線天。

　　象山高度雖然不高，但階梯坡度不一，面積不寬，多有轉彎處，途中多有觀賞平台與涼亭休息處。登頂眺望，台北盆地的地景幾乎一覽無遺，不僅信義商圈 — 101 金融大樓、世貿中心、華納威秀、新光三越等醒目建築歷歷可數，其尾稜延伸嵌入信義區中強公園，台北盆地風光盡收眼底，成為當地居民晨昏散步的最佳去處，也是近山民眾假日休閒、舒緩身心的綠色地帶。

　　不管是在地居民或是前來台北觀光的旅客，象山因緊鄰信義精華地段，大眾運輸工具能輕易抵達，使象山親山步道總是能看到熱絡的人潮景象，成為台北市民眾重要的休閒場所。不論是跨年夜登頂，在此觀賞101煙火秀，或是平日前來，享受台北繁華景緻，絕對是不虛此行，值得大力推薦的台北好去處之一。

INFO

🚍 搭乘台鐵或高鐵於台北車站下車，轉乘台北捷運淡水信義線至象山站（R02）。循著2號出口出站，經過象山公園後沿著右邊道路前進，步行約10分鐘即可抵達象山步道入口處。

攝影｜洪舜傑

 旅人帶路

台北市民舒緩身心的綠色地帶

　　象山雖地勢不高，人潮絡繹不絕，階梯、道路也有許多轉折處，夜色昏暗皆須時時注意，中途有瞭望平台，夜晚觀賞大台北家家戶戶的燈火，別有一番風味；象山的六巨石橫亙，不少勇健之人會爬上大石，見證美景，立下誓約，因此，這裡也造福一對對佳偶，有「侶」遊勝地之名。

　　初次登上象山想要眺望被台北101大樓點綴的台北市街景，會建議在太陽即將開始日落時刻，夏季時分約下午5點半左右再開始這趟輕鬆路線的市區爬山行程，一來是能避開艷陽不留情的紫外線，登頂僅需半小時不到的時間，即使我已多次前往，仍對眼前那一望無際的台北城市癡迷，遠道而來不外乎就是想捕捉刻骨銘心的台北印記，如果能從太陽西下的黃昏時分一路拍攝至初入夜幕的景色，想必能更有不虛此行的感受。

旅人介紹

王怡蓁

筆名飛彼，1990年生於台北，以探索世界為人生目標，自許為21世紀淡泊名利的女性，嚮往自由卻也期許能在飄泊中找到安定。出生於新北市，鄰近台北市，工作地區位在此處，而象山是都市之山，登象山賞美景，一來健身，二來享受美景。

台北市民がくつろぐ緑地帯

　　象山は象の頭に似ていることから名付けられた地名。台北盆地の東南の信義区にあり、象山の山頂からは台北盆地の景色を一望できます。裾野は中強公園へと繋がり、現地の人々の朝晩の散歩に最良の場所となっています。山の近くに住む人々とってのレジャー地であり、くつろぎの緑地帯です。

　　住人にとっても、旅行客にとっても、象山は信義の中心地にあることから、交通の便もよく、象山親山歩道ではいつも人の往来で活気ある様子を見ることができます。

　　初めて象山に登り、台北101が趣をそえる台北市の街の景色が見たいなら、太陽がまさに沈もうとする時間がオススメです。夏は午後5時半頃からゆるやかなルートの市区登山コースを登り始めます。太陽から降り注ぐ容赦ない紫外線を避けることができますし、山頂まで30分もかからずにたどり着くことができるのがポイントです。私は何度も訪れたことがありますが、今でも一面に広がる台北の景色にうっとりさせられます。はるばる訪れた台北を心に深く刻むことになるでしょう。太陽が西へ沈む黄昏時から夜の帳が下りる頃の景色を写真に収めることができたら、訪れた甲斐があったと感じるはずです。

攝影｜黃翌禾

アクセス

台鉄または高鉄に乗り、台北駅で下車、台北捷運淡水信義線に乗り換えて「象山站」（R02）へ。2号出口から出て、象山公園後の右側の道路を進み、歩いて10分ほどで象山歩道入口に到着。

2 九份
ジョウフェン
九份山城的特色建築——穿屋巷

新北市
シン ベイ シー

　　位於新北市瑞芳區，由於村落中只有九戶人家，故對外採買時皆要求備妥九份。因此，人們便以此命名。日治時代，大量的黃金被輸往日本，使九份產金量達到顛峰。台灣光復之後，金礦因前期的開採殆盡，產量大幅下滑而結束。

攝影｜王琇媛　　　　　　　　　　　　　　　　　　　　攝影｜洪舜傑

阿柑姨芋圓

無敵海景九份老牌芋圓店。

🏠 224新北市瑞芳區豎崎路5號

📞 02-2497-6505

🕐 週日～週五09：00～20：00
　　週六09：00～22：00

九份古早丸

愛拍照的老闆娘與各式丸子湯店。

🏠 224新北市瑞芳區基山街135號

📞 02-2496-9519

🕐 08：00 ～ 22：00

山海之間，四季景色多變

　　擁有高山屏障與遼闊海景，區內任何面海窗戶、陽臺、門口埕等地，可欣賞到不同季節、時段的自然景觀。「春櫻花、夏清風、秋芒花、冬雲霧」為九份美麗多變之四季容顏最佳寫照。春日踏青，可以到臺陽公司瑞芳礦場辦事處與福山宮前埕，欣賞櫻花迎面展姿；夏日山嵐清風，溫差效應造成日吹山風、夜吹海風，令人暑氣全消；晚秋時分芒花抽穗，隨著東北季風吹拂，一波波白芒如浪潮般在山巒間浪漫搖曳，駐足頌德公園上方涼亭、大竿林、雞籠山及往雙溪的 102 縣道上，感受款款詩意；冬日霪雨連綿，細雨中石階兀自流著瀑布般的水流，寒意襲人的繚繞霧氣。白天若無雲霧瀰漫，海上一片清朗蔚藍，可遠眺層層的海浪；入夜後，海面上漁火點點，更襯托出山城夜晚的寧靜。其它諸如坐看日出雲起、晚霞滿天、觀星賞月等美景，值得一訪再訪。

攝影｜王琲媛

悲情城市，喚回往昔熱鬧

電影《悲情城市》在威尼斯影展中造成轟動之後，沒落數十載的小城——九份，勾起了人們的注視與回憶。昔日繁華的老街、廢棄的礦坑、自成一格的礦區風光與淘金史，經由媒體一再傳播，吸引了大量遊客前來緬懷思古、細細品味這悲情城市中的有情天地。

要更深入了解其文化內涵之美一定要去九份金礦博物館，這裡珍藏的各式礦石，號稱歷經百年來收集難得一見。有專人表演沙金的煉製萃取過程，有錄影帶欣賞以及詳實的口述解說，各式採礦器具一一標示列出，若有不解之處可隨時向解說人員請教，館內2層，第1層為礦石展示區，第2層為影片欣賞與沙金萃取表演區。

九份文史工作室，成立於民國81年，由羅濟昆先生創立，他不是九份人，但卻為九份深深著迷。將多年來記錄拍攝九份的攝影作品，搜集的文史資料、文物等開放給大家免費參觀，希望透過工作室的開放與展示「金仔的故鄉」。

INFO

（1）搭乘台鐵或高鐵到台北車站，轉乘台北捷運板南線至忠孝復興站（BL15），於1號出口搭乘基隆客運1062線「台北—金瓜石」。

（2）搭乘台鐵到瑞芳站，轉乘台灣好行「黃金福隆線」在九份站下車。

（3）搭乘台鐵到基隆車站，轉乘基隆客運788線「基隆—金瓜石」。

攝影｜王瑋媛

 旅人帶路

九份山城的特色建築——穿屋巷

　　九份的地形依山傍水，這裡有首屈一指的山海風光，房子多為1樓，大門在街上林立，頂樓、後門在巷弄內，鄰居間經常互相借過別人家的客廳或廚房，穿屋巷成了山城屋舍的特殊景色。站在九份最高的階梯上，看著夕陽與雙色陰陽海，會驚覺在九份巷弄的時空穿梭中，見證了歲月的痕跡。

　　日治時期，許多的日式建築坐落九份，商家陳設也有日式風味，北台灣第一家戲院「昇平戲院」也是此時立足於此。貫穿九份的石階路——豎崎路，是九份最熱鬧的街道，街道兩旁高高掛起的大紅燈籠依然亮眼，伴著我們漫步穿梭在古老建築中。

　　看著礦業沒落的過去與文化產業興起的現在，不同於過去的繁華，現在的九份在電影《悲情城市》的加持下，已由黃金礦業產地轉為觀光重鎮。

旅人介紹

陳京琴

定居台北，家鄉桃園。陪伴孩子成長，從生活中帶著孩子在台灣各地體驗，在3個孩子與工作中感受美好。細節中觀察，文筆細膩，分享大家認識台北九份的歷史文化特色景點。

九份山城の特色ある建築——穿屋巷

昔この地には9戸しかなく、日用品のみならず、日々の食料の仕入れも全てこの9戸で分担していたことが「九份」の名前の由来として言い伝えられています。かつてこの地では金の採掘が主な収入源となっており、採鉱文化と山城生活が深く根づいています。山の地形により、ある家は一階部分が街に面し、最上階は小路の中にあります。またある家の門は街中にあり、裏口が小路に面しています。隣同士がいつも互いに都合し合い、他人の家のリビングやキッチンを経由して別の小路にある自分の家に入るというような、山城家屋ならではの特色があります。

日本の統治時代に大量の金鉱が掘り出され、日本に輸出していたことが九份の繁栄を支えました。たくさんの日本風建築が九份に作られ、商店街にも日本らしい雰囲気があり、北台湾で最初に作られた「昇平戯院（昇平劇場）」も当初はここに作られました。九份と言えば、「豎崎路」のことを語らないわけにはいきません。この道は九份を貫いて走る階段の道で、最も賑やかな通りです。この通りの両側の高い位置に掛けられた大きな灯篭は、今でも変わらず人目を引き、この古い町並みを歩く私たちに興を添えてくれます。

採鉱業が衰退した過去と文化産業が発展した様子を見ていると、過去の繁栄とは異なり、今の九份は映画「悲情城市」＊の支えもあって、採鉱業から観光地へと展開してきたことがわかります。九份の階段の最上段に立ち、夕日と海の陰影を眺めていると、私は今単に日本統治時代の街並みををを歩いているのではなく、九份の小路を貫く時空の中にいて、年月の痕跡を見る証人になっていることに気付かされるのです。

＊「悲情城市」……日本の統治時代が終わり、国民政府が台北に遷都するまでの混乱した台湾の様子を、ある家族の物語を通して描いている。この作品のヒットにより、作品の舞台となった九份は観光名所として世界的に有名になった。

アクセス

(1) 台鉄または高鉄に乗り、台北駅で下車、台北捷運板南線で忠孝復興駅（BL15）へ。1番出口から客運1062線（台北―金瓜石行き）に乗り換え。
(2) 台鉄に乗り。瑞芳駅へ。台湾好行「黄金福隆線」に乗り換えて九份駅で下車。
(3) 台鉄に乗って基隆駅で下車、基隆客運788線（基隆―金瓜石行き）に乗り換え。

Chapter

02

中部　自然與藝術的共存

穿梭在阿里山與日月潭的山水之間，
可以在農場餵著可愛綿羊，
也能在高美濕地盡情踏水。
轉眼間又來到繁華的鹿港小鎮，
大啖道地蚵仔煎、牛舌餅，
中台灣的多樣面貌，
總是令人著迷不已。

3 日月潭
リィユエタン
島嶼中央的一輪明鏡

南投縣
ナントウシェン

　　地處台灣唯一不靠海的縣市──南投縣，日月潭因為東西兩側形狀如日、月得名，是台灣最大的淡水湖泊；位於海拔高度 750 公尺，搭配周圍山嵐霧氣而形成氤氳美景，一天之內甚至可見四季變化。

　　日月潭範圍涵蓋鄰近的桃米、集集、車埕等聚落，向來是邵族的居住地，而經過清朝、日本以及國民政府開發，這裡融合不同民族與文化。雖然經過 921 地震嚴重摧殘，透過官方與民間努力重建推廣，日月潭風景區每年吸引超過 600 萬遊客。春季探訪賞櫻秘境、夏季與蝶共舞、秋日泳渡日月潭、冬夜參加國際花火嘉年華，日月潭一年四季都用不同面貌迎接旅客。

　　說到日出雲海，第一個想到的可能是阿里山，但日月潭金龍山也是攝影師口中的「聖地」之一。俯瞰魚池盆地，當陽光灑落翠綠枝枒之時，雲海瞬息翻騰的美景讓人眼睛一亮，喜歡享受清晨的謐靜時刻，絕對不能忽略此地。

攝影｜洪舜傑

攝影｜洪舜傑　　　　　　　　　　　　　　　　　攝影｜吳孟霖

向山自行車道
全球10大最美自行車道

　　曾被 CNN 旗下網站評選為「全球 10 大最美自行車道」，向山自行車道從水社碼頭到向山遊客中心，全長約 3 公里。最特殊的地方莫過於「水上自行車道」的路段，大約 500 公尺，繞過鄰近的住家與商店，車子浮掠水面恍若「水上飄」，是此地絕無僅有的體驗。

　　筆直的自行車木棧道，搭配日月潭與翠綠山巒，怎麼看都不會膩吧！這裡也是新人婚紗的熱門景點，其中「永結橋」與「同心橋」象徵愛情堅定不移，永結橋上面有許多情侶掛上的鎖頭，就像過去巴黎塞納河畔的藝術橋。兩座橋同時也是旅途中繼站，可以稍作休息欣賞湖光山色。

　　如果還不夠浪漫的話，就到向山遊客中心旁邊的「婚紗公園」取景，花開時節的五彩繽紛與人工沙灘，讓旅客難以忘懷。

　　最後是向山遊客中心與瞭望台，僅用白與灰的建築色調，倚著湖水綠的日月潭。站在瞭望台能夠俯瞰環湖車道；天氣晴朗的時候更可以看見日月潭中央的「拉魯島」。

日月潭纜車
搭乘水晶車廂，窺見日月潭全貌

連結日月潭與九族文化村，搭乘時間大約 10 ～ 12 分鐘，能夠窺見日月潭風景區全貌。如同台北市的貓空纜車，旅客也能選擇透明水晶車廂，從腳底發麻的感受，挑戰你的心臟極限。

纜車車廂並非密閉空間，因此不用擔心夏季高溫悶熱的狀況。車廂不僅有氣孔，連地板也設有通風孔，因此搭乘時甚至會有徐徐涼風灌進車廂。

從日月潭車站出發，八角形的車站結構搭配左右斜坡造型，猶如一隻「帝王蟹」鎮守此地。纜車共有 16 根支柱，依照地勢爬升或下降，也能看見不同風景。除了知名的日月潭、埔里盆地與鄰近高山以外，更可以鳥瞰大竹湖，這裡是日月潭越界引水的工程奇蹟，引入的濁水溪在此注入日月潭，也有「日月湧泉」與「大竹沙洲」等特殊景觀。

抵達九族纜車車站之前，會飛越一段「吉卜山微笑山谷」，纜車在兩側高山間滑行，是觀賞日月潭風景的絕佳景點。同時，從吉卜山到九族也是纜車爬升與下降坡度最陡的路段，但乘客並不會感到搖晃，可以放心搭乘。

攝影｜陳星甫

水社碼頭
搭船遊湖，捕捉日月潭精華

這裡聚集商店、美食、交通工具、以及小型景點，通常是來日月潭的第一站。除了上述的自行車道以外，搭船遊湖應該是體驗日月潭最快的方式，只要購買遊湖券，依著「水社碼頭→拉魯島→玄光寺→伊達邵」路線，就能捕捉這裡的精華。

拉魯島是邵族早期聚落之一，島上的茄苳樹是邵族神話的聖樹，這座島則是祖靈的聖地。抵達玄光碼頭之後，循著步道前往玄光寺，一掃外頭的喧鬧人潮，供奉玄奘大師的寺廟相當清靜，洗滌塵囂。外頭的金盆香菇茶葉蛋則是知名美食，讓旅客在身心靈都得到滿足。而伊達邵也是重要商圈，充滿濃厚的原住民文化，偶爾也有街頭藝人表演，搭配整條美食街，為遊湖旅程畫下完美句點。

若不想搭乘遊艇，也可順著蜿蜒的湖邊散步，用旁觀者的視角望著湖面繁忙的船隻，映著波光粼粼的日光，反而能增添清幽的感覺。鄰近的梅荷園是眺望水社碼頭的地點，鵝黃色的羅馬式耶穌堂隱身湖畔，雖然已有40年歷史，但仍舊保存良好。

有別於白天喧囂，夜間的水社碼頭相當安靜，湖邊旅館的燈光點綴，就像是替日月潭戴上耀眼的項鍊。

特色小吃

麓司岸飯飯雞翅
雞翅也能包飯？讓你吃完還想回頭的邵族美食。

⌂ 南投縣魚池鄉義勇街22號
☎ 0982-865-360
🕐 10：00～18：30
（全年無休）

金盆阿嬤的香菇茶葉蛋
超過一甲子，飄著茶香與香菇氣味的國民小吃。

⌂ 南投縣魚池鄉中正路338號
☎ 04-9285-6416
🕐 09：30～17：00
（全年無休）

攝影｜王琋媛

日月老茶廠
品嘗老茶廠的歲月故事

　　建於民國 48 年的茶廠，陪著台灣走過一甲子的歲月，見證台灣製茶工業的興衰。到日月潭一定不能錯過的就是品茶的行程，日月老茶廠則是首選。還沒真正看見茶廠便能見到路旁排列整齊的茶樹，散發出淡淡的香氣。

　　迎面而來的日月老茶廠，第一眼便會被斑駁的白色外牆與攀爬的藤蔓吸引，不僅代表歲月的痕跡，也是建築與大自然的共生。當然，日月茶廠也逐漸轉型當中，現今成為觀光與教學結合的茶廠，希望吸引更多人了解阿里山以外的台灣茶葉史。

　　日月茶廠的 1 樓部分與 2 樓皆為展示區，遊客能夠細細品味製茶的過程與細節，例如揉捻機或乾燥萎凋等。茶葉如同其他作物，皆須經過農夫細心栽培才有收穫的歡欣；運氣好的時候還能見到最原始的製茶面貌喔！

　　離去前也別忘記帶盒茶葉回家，悠閒的時候沏壺好茶，絕對勝過街上琳琅滿目的茶飲店。

INFO

🚌（1）搭乘台鐵到台中車站，前往雙十路的干城站，轉乘台灣好行日月潭線。
　　（2）購買高鐵日月潭聯票，抵達高鐵台中站後，前往第5出口南投客運服務櫃台，兌換來回車票以及日月潭環湖船票。

攝影｜吳孟霖

 旅人帶路

日月美色，水天相連，揭開日月潭的美麗面紗吧！

在去日月潭之前，我一直很疑惑為什麼日月潭會這麼夯，夯到連外國遊客都非來不可？在看到日月潭本人之前，我覺得它只是一灘水，直到親自走一遭，才發現它美麗的不只是景色，還有它的歷史。向山自行車道讓我印象很深刻，曾經在晴天，也曾經在雨天，在那裡騎腳踏車，看到的景色很不一樣，但心情是一樣的寬廣放鬆，尤其車道上的人會互相禮讓、把腳踏車停好再拍照，所以擁擠並沒有讓美景變調；另外搭配著邵族（當地原住民）的傳說，想像一頭美麗的大白鹿出現在潭邊，或者想像日治時期，這裡的水力發電建設、官員住宿與遊湖等等，真的很適合在這靜下心來了解日月潭的歷史和文化。

現在的日月潭，在 9～11 月間會有泳渡、花火節、自行車嘉年華及環湖馬拉松等活動，大家可以以不同方式欣賞日月潭的美，尤其泳渡活動可是和單車環島、攀登玉山，名列台灣人必做 3 件事之一，沒來日月潭，怎能說你愛台灣！

旅人介紹

莊雅馨

總是喜歡活蹦亂跳，到日月潭騎車、散步、吃美食可以滿足我的好動因子，我卻也在這找到平靜，感受到內心對台灣美麗的讚嘆。

ぼーっとしたいなら、日月潭へ！

　　日月潭というと、一般的な湖のイメージがありますが、どうして台湾人のおすすめスポットになったのでしょう?

　　日月潭が「日月」と呼ばれるのは、半分が太陽のように円状で、もう半分が三日月のような形をしており、またそれぞれが異なる色にみえることによります。周囲が山に囲まれるこの湖は、日光に照らされると、山の影が水面に映り、藍や緑に輝き、湖と山が互いに照り映える情景は、私たちを心地よく和らげてくれます。雨が降り、湖上に霧がたちこめる風情にはまたひとつの味わいがあり、夢幻の世界と詩的情緒に誘われます。

　　私は日月潭の美しい景色だけでなく、歴史にも心魅かれています。この地の先住民一邵族は、大きな白鹿の狩猟をしているときに、今彼らが定住する聖地、日月潭を発見したと伝えられています。日本統治時代になると、建設が進み、道路の敷設とともに、日月潭を台湾の名勝地とすべく発電所も建造されました。日月潭の有名ホテル「涵碧樓」もまた、当時の日本人が建てた宿泊所で、皇室をご招待したことがあります。さらに日本人はインドのアッサムティが日月潭周辺の地理、環境、気候や土が栽培に適していることを知って栽培を始めました。それで今日に至るまで紅茶は日月潭の魚池郷（ラル島）の主要農産品になっています。

　　現在日月潭では、9月に遠泳大会があり、10～11月は花火祭やサイクリングフェスティバルがあります。10月末になると湖を周るマラソンもあり、みんなそれぞれに異なる方法で日月潭の美しさを楽しんでいます。とくに遠泳大会は、サイクリングでの島巡り、玉山登山と並んで台湾人の3大チャレンジの一つになっています。

アクセス

(1) 台鉄に乗り、台中駅で下車、雙十路の干城駅に行き、台湾好行日月潭に乗り換え。

(2) 「高鉄日月潭聯票」を購入し、高鉄の台中駅へ。第5出口の南投客運サービスカウンターで往復券と「日月潭環湖船票」に交換。

阿里山
（アリシャン）

嘉義縣

孕育生命的謐靜神山

　　廣義的阿里山遍及嘉義縣番路、竹崎、梅山、以及阿里山等4個鄉鎮，緊鄰廣袤的嘉南平原，擁有日出、鐵道、神木等知名景觀。

　　阿里山鐵路源於日治時期，日本政府為開採本地的檜木林，從嘉義市區興建森林鐵路，以螺旋型與之字型路線上山，迄今營運已進入109年。

　　阿里山以鄒族為主要人口，過去流傳全台的歌謠〈高山青〉即是描述此地的寫照。無論是循著阿里山鐵路、或自行沿著公路上山，都能欣賞自平地到高山的多種變化，包括氣候、動植物以及人文景觀。著名的阿里山日出，搭配雲海及山嵐美景，每到跨年總會吸引許多觀光客，一睹太陽從山壁後面露臉的第一秒，近年來嘉義縣政府也邀請管絃樂團以及歌手參與，「日出印象音樂會」讓遊客同時得到視覺與聽覺的滿足。

攝影｜洪舜傑

二延平步道
發現茶園的特殊景觀──駁坎

在嘉義番路鄉，公車站牌鞍頂站下車，大約在 18 號省道 53K 開始，全長 1 公里。沿途景色相當漂亮，運氣好的時候能夠在觀景平台看見雲海以及夕陽。但若是群山雲霧繚繞，形成飄渺的仙境，倒也不是一件壞事。

鋪著平整木棧道，登山並不困難。沿著二延平山種植遍野的茶，整齊排列的模樣相當壯觀；然而另一面的山壁卻非常陡峭。這裡的茶園有一個特色，便是「駁坎」，這是農民過去整理茶園的時候，將大小石塊堆疊形成的特殊景觀，下次造訪的時候可以仔細觀賞。

此外，走在木棧道上面，旁邊山間小路並非平整的道路，其中一段呈現 U 字型；再往前進則有「弓」字小路，像是纏繞在山邊的腰帶。

步道另一項特色就是竹林，從茶園轉進竹林之後彷彿進入另一個世界。裡面僅靠竹葉間隙灑落的陽光照明，但沿著茶霧之道前進，可欣賞到隙頂的階梯茶園，也可遠眺鄰近的山巒。順著步道緩行大約 2.5 小時可以完成，這條步道可以算是前往阿里山的中繼站。

攝影｜洪舜傑

攝影│洪舜傑

鹿林神木

感受千年紅檜的偉大

　　沿著阿里山公路來到 102K 處，會看見這棵樹齡 2700 年的紅檜神木，由於神木位於懸崖下方，近年有登山客垂降峭壁才發現完整神木，而這也是台灣排名第二的神木，高度大約 43 公尺，樹胸圍 20 公尺。現在旁邊已闢好步道，並加上圍欄與平台，旅客能夠靠近並感受千年紅檜的偉大。

　　附近的鹿林步道更是值得造訪的景點，同時也是進入玉山的入口，但坡度平緩，全程也有石階與木棧道，所以對於沒有登山經驗的旅客來說也能輕鬆駕馭。小徑兩側是箭竹林，愈往上爬升愈見綠意，涼風也在林間穿梭。約莫 1 小時便會抵達鹿林山莊，此處興建於日治時期，也是觀星的好地點，躺在草地上便能與星空對望。

　　若有體力可再往前攻頂，大概經過 1 公里的石階，便可看見石碑與座椅。雖然這裡並沒有寬廣的視野，但海拔高達 2800 公尺，時不時有雲霧環繞，也有種仙氣降臨的感覺。

游芭絲

堆疊在樹葉上的鄒族美食。

🏠 嘉義縣阿里山鄉山美村1鄰1-8號
📞 0928-222-583
🕐 11：00～19：00（週四公休）

愛玉伯ㄟ厝

捕獲野生愛玉，不提供外帶的環保甜點。

🏠 嘉義縣竹崎鄉中和村151號
📞 05-256-1330
🕐 週六、週日09：00～17：00
（平日不固定營業）

攝影｜飛龍老爹

來吉部落廚房

異國情緣迸出的特色餐點

　　位於阿里山鄉的來吉部落，是個以鄒族為主的聚落。來吉部落廚房卻是異國情緣的產物，與台灣其他山區餐廳不同，來自南非的 Hana 在這裡認識鄒族少年，相識相戀的兩人決定結婚，並在這座山城定居，開設餐廳。

　　沿著來吉三叉路，會先看見部落廚房的看板，接著聞到食物的香味。這裡的料理就跟這對情侶一樣，結合原住民與南非的特色，而裡面的餐點標榜手工與在地食材，因此都能嘗到最新鮮原始的味道。當然，也要早點前來品嘗，否則容易客滿與售罄喔。

　　來吉部落也有另一個稱號「山豬部落」，相傳是祖先為了追捕山豬而發現這個地方。圍繞來吉部落的山稱為塔山，因此，此地居民也稱為塔山下的部落。路旁的石頭上面可見山豬彩繪，也有山豬模仿部落勇士的圖案，無論是呲牙裂嘴、或是充滿愛戀的表情，看起來都非常可愛。附近有一座涼亭，晚上會化身為原住民聚餐烤肉的地方，若是到來吉部落住一晚，必定要體驗他們的「夜生活」。

奮起湖
濃濃的懷舊風情與便當香氣

　　大概是阿里山森林遊樂區最受歡迎的景點。有趣的是，早期「奮起湖」常被誤會有座巨大的湖泊，遊客造訪之後發現奮起湖其實只是附近環山的低點，加上地形有如「畚箕」，才慢慢形成今天的名字。

　　早年以老街與蒸氣火車車庫聞名，充滿濃厚的懷舊風情，甚至有南部的「九份」之稱。現在的蒸汽火車車庫打造為展示館，欣賞以前的蒸氣火車頭，想像過去蒸氣環繞山間的模樣。奮起湖車站附近有一處竹林，是台灣「唯二」擁有四方竹的地方，另一處在溪頭。據說這是從日本移植過來的竹子，枝幹有別於一般的圓筒，是四方形的。

　　提起奮起湖的美食，奮起湖便當絕對是首選，與時俱進的鐵路便當也端出不少新菜色，例如雙主菜的豪華便當。雖然平日在便利商店也能買到奮起湖便當，但能在產地吃到應該會有不同感受。然而，奮起湖還有一種綠色黃金的作物——綠梗山葵，結合黑糖而製作成的米餅，別有一番風味。

攝影｜林妙蓮

INFO

🚌（1）搭乘台鐵至嘉義車站，轉乘阿里山森林鐵路到奮起湖站（須於15天前訂票）。

　　（2）搭乘台鐵至嘉義車站，出站後轉乘台灣好行阿里山B線公車。

　　（3）搭乘高鐵至嘉義站，於2號出口出站，前往第7月台轉乘台灣好行阿里山A線公車。

攝影│黃瓊嬅

 旅人帶路

原味的阿里山

　　「阿里山的姑娘美如水呀，阿里山的少年壯如山阿……」這是一首台灣人都可琅琅上口唱上一段的歌謠，這首歌謠以阿里山優美景色為背景，描述一段羞澀的戀情。

　　這座山林不只是讓淳樸的村落生根，更是孕育萬種風情景色的一片靜謐。這次來訪時已是春分，阿里山的櫻花，早已紛紛綻放，主要是千島櫻與吉野櫻，彷彿山頭下起嬌嫩的粉紅雪。搭上別具特色的紅色小火車，行駛在蜿蜒的鐵路上，穿過一個又一個隧道。從窗望出，不僅可欣賞山色，又能感受看著櫻花向著枝頭無限蔓延，彷彿山城用生命勾勒點綴出的優美典雅，瞬間也沾染了阿里山獨特的粉色幸福浪漫感。漫步在古木參天的林蔭小徑上，每一步都能感受到，一棵棵高聳神木，在千百年歲月的累積下，散發出的莊嚴寧靜，令人不禁感到震懾。在這的每一口吸吐充滿著山嵐霧氣的新鮮涼爽，還有對這份悠長歲月的敬畏。

　　沉浸阿里山的悠悠時光後，走進窄短的小巷間，尋找著古早手工製作的愛玉伯ㄟ厝，一個神隱的好味道，它坐落在不易被人找尋的巷弄中，加上「限量」魔力，能否有幸喝上一杯簡單的美味，似乎也是需「緣分上的牽引」！

詹宜芳

旅人
介紹

出生於1991年7月，目前居住於台中市。不按牌理出牌的調性，可能隨時出走山林的女子。

悠久の歳月を思わせる阿里山<ruby>阿里山<rt>ア　リ　シャン</rt></ruby>

　「阿里山の女の子の美しさは水のよう、阿里山の男の子のたくましさは山のよう……」これは台湾人がみな口ずさむ歌の一つです。阿里山の青い海が緑豊かな山を囲む美しい景色を背景に、恥じらう恋心を歌っています。この山林には人情味ある素朴な村が根を下ろしているだけでなく、万物を育む風土の静謐さがあります。

　阿里山駅はこの地の特色を最も備えた檜で建造されており、阿里山の独特の雰囲気を感じることができます。個性的な小さな紅い列車に乗って線路の上をくねくねと進み、次々とトンネルをくぐっていくと、窓から山の景色を楽しめるだけでなく、山城がその生命によって描き出した姿の優美さを感じることができます。

　鉄道の情緒だけでなく、古木が天高くそびえる林の小道では、歩くたびに神木が何年もの間に累積した年月や平穏な静かさを感じ、驚きを禁じえません。この地で一呼吸するたびに、山中に立ち込める靄の空気の新鮮な爽やかさに満たされ、この悠久の歳月への畏敬の念が湧いてきます。

　阿里山の悠然とした時間に浸った後は、奮起湖の古い街並みへまいりましょう。狭く短い小道を歩くと、山の斜面に立てられた建物があります。何世紀も経ていまだにその姿をとどめています。当初は阿里山森林鉄道の建造により、最大の中継駅になり、奮起湖鉄道の駅弁文化が作られました。ここで当時の製法で作られたお弁当を味わうのは、昔ながらの風情を楽しむ一つの方法ですよ!

　※阿里山線は、今の所、嘉義から奮起湖駅まで運行しており、阿里山駅から祝山および阿里山駅、神木駅、奮起湖站から阿里山駅まではまだ開通していません。
　※開花期間は3月10日から4月10日です。
　※日の出、夕靄や雲海、そして森林は、鉄道とならんで「<ruby>五奇<rt>ウーチー</rt></ruby>」と呼ばれています。
　※おすすめ滞在期間は2〜3日です。

アクセス
(1) 台鉄に乗り、嘉義駅で下車、阿里山森林鉄路に乗り換えて奮起湖駅へ（15天前のチケット予約を忘れずに）。
(2) 台鉄に乗り、嘉義駅で下車、台湾好行阿里山B線バスに乗り換え。
(3) 高鉄に乗り嘉義駅で下車、2号出口から出て第7ホームに向かい、台湾好行阿里山A線バスに乗り換え。

ホー　ホァンシャン
合歡山
走在台灣東西部分野的稜線

　　素有「雪鄉」之稱的合歡山，範圍橫跨南投縣仁愛鄉與花蓮縣秀林鄉，地理上是台灣東西部重要河川（大甲溪、濁水溪、立霧溪）的分水嶺，也曾經是歷史的重要軍事基地。在中橫公路闢建完成後，打破東西部的阻隔，進出合歡山變得更方便，從山腳到山頂的車程大約 2 個小時，沿途步道與景點也逐漸成為旅遊勝地。此處擁有全台最高的咖啡廳以及森林遊樂區，假日常有大批遊客上山遊憩。

　　台灣地處熱帶與副熱帶的交界，但卻也是高山密度最高的島嶼之一，因此從平原到山頂存在多變的氣候與景觀類型。每當冬季冷氣團開始侵襲台灣時，合歡山通常是第一個降下瑞雪的高山，總會吸引許多特地賞雪的民眾。對於居住在都市的台灣人來說，台灣山岳是個美麗的存在，除了能登高眺望廣袤平原以外，深入探索高山之後，更能因這塊土地的美好而感到驚豔。

攝影｜吳孟霖

武嶺
自行車騎士的奮鬥目標

　　位於台 14 甲線約 31.5 公里處，海拔 3275 公尺，是台灣公路的最高點。雖然靠近花蓮太魯閣國家公園，但行政區屬於南投縣仁愛鄉。

　　台灣有很多騎乘自行車的愛好者，在前往武嶺的路上總可以見到他們的身影。由於武嶺位於台灣公路的最高點，不少車友會把征服武嶺視為人生的里程碑之一。能以騎乘的方式到達如此高的地方實屬不易，除了體能和裝備上的準備外，在補給上亦是要考量的重點。

　　在這邊除了能看見不少車友和民眾拍照留念外，值得一提的是，在武嶺的東面亦有一座觀景台，供遊人登高望遠欣賞美景。除西側有部分遮蔽外，四周山線盡收眼底。想眺望遠方一定要來到東邊觀景台，不僅可以飽覽奇萊山與合歡山群峰，亦可觀賞箭竹草坡。全天候都有不同的自然變化，無論是清晨雲海、晴朗綠意、霧茫嵐氣等。另外，這裡少有光害，也是夜間觀星的良好地點。

石門山步道
走在花蓮與南投的交界上

　　想挑戰百岳嗎？入門款、排名第 66 名的石門山步道可千萬不要錯過。雖然在合歡山上，但步道其實非常平緩，全長也不到 1 公里，一般人幾乎在 30 分鐘內就可攻頂。但可別以為這麼輕鬆的步道就沒有看頭喔！

　　石門山步道的獨特在於地理位置，這條步道其實是中央山脈的稜線，約略與台 14 甲線平行，登山時等於走在花蓮與南投的交界，一邊是立霧溪、另一邊是大甲溪。步道旁邊還有寬闊的箭竹草原，天氣晴朗的時候可見群峰環繞，包括合歡主峰、奇萊、南湖大山、中央尖山等，能見度最遠可達 30 公里，視野相當遼闊。

　　夏季的沿途會看見許多美麗的植物，包括玉山圓柏、杜鵑花、阿里山龍膽等等。其中壽命最長的就是玉山圓柏，可能看起來並不起眼，但每一株可能都超過百年、甚至是千年的歲月。

　　由於登頂相對容易，遊客數量也會稍微多一些，行走在木板棧道時需要注意交會的時刻。除此之外，也需注意山上的天氣變化，雲霧可能在 30 分鐘完全籠罩山頭，不過朦朧的視線也有不同的美感。

攝影｜吳孟霖

松雪樓

全台海拔最高的旅館

　　合歡山的熱門景點之一，許多遊客甚至為了入住松雪樓前來登山。這裡不僅是全台海拔最高的旅館，也是能夠體驗台灣高山風景變化的地點：日出、雲海、繁星夜空、以及賞雪等。每個季節都能讓旅客存取不同美景記憶。

　　松雪樓已經有超過 50 年的歷史，起初作為蔣公行館，一般民眾無法窺探全貌。直到民國 58 年才開放，然位處 3150 公尺的高海拔，也經過不少暴風雨的摧殘，在民國 98 年重建成為 4 層樓的飯店。由於合歡山周邊僅有松雪樓與滑雪山莊（通舖）提供住宿，因此松雪樓相當搶手，幾乎是以連假火車票的秒殺方式售出，不過亦可打電話詢問是否有其他房客退訂，碰碰運氣。

　　由於地勢較高，松雪樓在 1 樓電梯旁邊備有氧氣供應室，以防有房客發生高山症，上山之後最好也注意自己的身體狀況。雖然遊客都是抱著欣賞繁星、日出或雲海等前來入住，但並非都能如願，山上天氣變化萬千，偶爾來個伸手不見五指的濃霧，甚至冰雹等激烈天氣現象。所以上山前幾日最好能夠查詢天氣，做好萬全準備。

特色餐廳

松雪樓餐廳

高山上的自助饗宴，搭配美景的好味料理。

⌂ 花蓮縣秀林鄉關原33號

☎ 049-2802947

🕐 早餐07：00〜09：30
　　午餐11：30〜14：00
　　晚餐17：00〜20：00

3158 café

全台最高咖啡廳，補充熱量再出發吧！

⌂ 花蓮縣秀林鄉台14甲線

🕐 8：00〜17：00

攝影｜陳雅涵

合歡越嶺古道

努力攀爬，就能看見合歡山北峰

　　一條從花蓮太魯閣延伸到南投霧社的道路，西元1914年台灣總督佐久間左馬太下令修築，起初是日本政府作為軍事用途，也是開發山區與管理原住民的步道。

　　這條古道就不像石門山如此輕鬆，以大禹嶺階梯為開端，銜接合歡越嶺古道的時候會看見「中橫開路紀念涼亭」。之後便會經過一段需要攀爬加拉繩的路段（大約是大禹嶺隧道的上方）。除此之外，偶爾會經過崩塌地勢，行走的時候需要注意。但在夏季進入古道時候會發現天氣相當涼爽，二葉松針鋪在地上像地毯一般，身旁還有杜鵑花夾道歡迎，走起來令人神清氣爽。

　　通往卯木山（大禹嶺）的途中會經過一處廢棄的瞭望台，原本是用來定點監控森林火災，但林務局後來改用人力巡守，瞭望台則逐漸廢棄不用。但瞭望台附近的視野極佳，可看見合歡山北峰。

　　在步道尾端有一段上坡路段，是攻頂卯木山的方向，此處海拔約2819公尺，位於南投仁愛鄉與花蓮秀林鄉的交界處。

INFO

🚗（1）合歡山建議自行開車較為方便，從台14線往埔里到霧社，轉台14甲省道，即可看到合歡山指標。

　　（2）搭乘台鐵到台中車站，出站後步行至台中干城站轉乘南投客運前往清境農場，再接駁至松雪樓。

　　（3）搭乘高鐵至台中站，從5號出口出站後前往第3月台轉乘南投客運至埔里，下車後再轉搭前往翠峰、松崗方向之客運，並接駁至松雪樓。

攝影｜洪舜傑

 旅人帶路

登高望遠，挑戰自我

　　來到合歡山當然就是要爬山啊。

　　但其實，我本人是不愛爬山的。或許是對高度的懼怕（我有懼高症）及愛面子（那時候是爆肝工程師，缺乏運動的我怕朋友笑我體力不好），所以當朋友們揪爬山時，我的內心整個是百轉千迴，但看到網路圖片那天堂般的美景，加上朋友的鼓勵，就還是心不甘情不願地跟去了。

　　整趟下來讓我印象非常深刻的是海拔超過 3400 公里的合歡山北峰。在經過武嶺等地的拍照打卡輕鬆行程後，終究還是要面對那座山。果不其然，我大約爬到一半左右就沒力了，雖然最後疑似高山症發作導致無法攻頂，但我回頭看自己走過的路，以及那美麗的風景，還是很開心自己能有這一段悲喜參雜的經歷。

　　下山後我當然還是那個怕高、體力也差強人意的我，但這段美好的回憶總會常駐心頭。我想，這就是挑戰過後的美好吧！

旅人介紹

張鈞富

是個看起來很宅，但實際上有冒險魂的旅人。走過約26個國家，卻發現對台灣了解不深，於是打算好好來探索台灣的美。

台灣最美的除了人之外，當然就是所謂的百岳。雖然本人不是很喜歡爬山，但秉著冒險魂還是硬著頭皮去了！

大自然の中で見る星空と日の出

　　合歡山は高海抜山脈に属しており、一年中寒冷、冷涼な気候の中にあります。特に冬は登山の最中に山肌や樹木につららを発見できます。観光車はチェーンをつけて凍った道を走らなければなりません。

　　空が明るくなる前に、頭をあげて天空を仰ぎ見ると、はまるで宇宙全体を見ているようです。おとめ座、かに座、しし座、夏の大三角形、彦星や乙姫、北極星などなど、それはこれまで見た中で最も美しい夜空です。

　　ここにはわずらわしいネオンの光がなく、ひんやりとしたコンクリートもありません。キラキラと光り輝く星を見るたびに、自分の体も宇宙の中にあるような、最高な気分を味わうことができます。運の良い時は流れ星まで見ることができます。

　　合歡山には日の出を見るための特別な設備はないし、きまった時間表もありません。それにだれもコントロールすることはできませんし、あなたがしっかりと見守っていれば、ひっそりと現れる太陽を見逃すことはないでしょう。空の色が明るくなるにつれ、遠くの中央山脈の輪郭がますますくっきりと見えるようになります。太陽はゆっくりと連山の隙間から頭を出します。世界は安静に見えますが、万物は絶え間なく変化しています。まるでわずか一瞬のできごとのような日の出のその瞬間に、すべての空気が温まりはじめます。遠くで輝く小さな光が神秘的で、世界を奮い起こしているようです。

　　合歡山の日の出は、取り立てて有名ではありませんが、ビジネスの雰囲気もありませんし、大げさな装飾や看板があるわけでもなく、ひたすら最も純粋な山脈と雲海と天空、そして日の出が作りあげる、自然の風景だけがあります。台湾にお越しの際はぜひ、この地で大自然の壮麗さを感じてほしいと思います。最高の体験ができるはずです。

アクセス

(1) 合歡山はサイクリングがおすすめ。台 14 線で埔里から霧社に向かい、台 14 甲省道に入ったところに合歡山の目印。

(2) 台鉄に乗って、台中駅で下車、台中干城駅まで歩いて南投客運に乗り換えて清境農場、松雪樓へと乗り継ぐ。

(3) 高鉄に乗って台中駅で下車、5 号出口から出て第 3 ホームから南投客運に乗り換えて埔里へ。下車後、さらに翠峰、松崗方向行きの客運に乗り換えて松雪樓に乗り継ぐ。

11

鹿港
ルゥガン

五感雜陳的百年繁華遇上現代創意

　　荷蘭及清治時期，鹿皮的最大輸出港，故稱為鹿港，由於地理位置距離中國很近，因此在當時是個相當繁榮的商港城市。西元 1784 年設港開渡後，到 1845 年之間是鹿港的全盛時期，在當時，鹿港是台灣的第二大城，「一府二鹿三艋舺」的順口溜，也因此流傳至今。

　　1845 年，因港口泥沙淤積嚴重，縱貫鐵路未經過鹿港，使得貿易優勢不在，鹿港漸漸地沒落下來。但是由於發展歷史很早，市區保留著許多舊城區和古老建築，反而成為今日旅遊鹿港的最大特色，而舊城區也因一再地進行都市更新更趨完整，變成相當重要的觀光資源。

　　除此之外，鹿港的地方特產更是廣為人知，像是傳統糕點、傳統工藝與傳統小吃，更是每個旅人來到鹿港，不容錯過的行程。鹿港豐富的地方文化與在地美食，絕對值得旅人來此一遊。

攝影｜洪舜傑

攝影│洪舜傑

鹿港老街
歷史人文風采，古樸小鎮氣息

　　來到鹿港老街，不能不提明末 1591 年創建的天后宮，這裡是台灣最早奉祀湄洲天后宮天上聖母的廟宇。寺廟的建築、木雕、石雕皆由知名匠師製作而成，整體富有豐富歷史人文風采，記錄著當時城市的記憶，且因數百年來神蹟不斷的流傳，使得天后宮香火鼎盛、信徒遍布世界各地，整年香客絡繹不絕，一躍成為台灣最具代表性的媽祖廟，因此被列為國定三級古蹟。

　　入廟看廟門，廟門為寺廟的重心，天后宮三川殿為歇山重簷式，五開間正面，設有五門。其中八卦月門、正面牆壁則以花崗岩、青斗石混合雕砌而成，精緻的彩繪、龍虎石雕及木雕，為名家之作，廟中所陳列的珍貴史料及宗教文物，更是讓中外人士嘆為觀止。

　　除了鹿港天后宮這個著名的國家歷史古蹟之外，還有在 2000 年公告為縣定古蹟，原名為鹿港公會堂的鹿港藝文館，以及摸乳巷、甕牆、半邊井等人文景點，都能讓旅人感受到鹿港的古樸小鎮氣息。

台灣玻璃館
結合藝術展現創新的工法

　　位於彰化縣鹿港鎮彰濱工業區裡，全館佔地上千坪，這裡不但提供台灣本土藝術家一個良好的發展平台，也因開放參觀，讓民眾在休假閒暇時，多了一個旅遊觀光的新選擇。

　　台灣玻璃館結合了台灣生態、文化藝術的特色，讓民眾來到這裡能有耳目一新的感覺，也能打破民眾對於玻璃冷冰冰的印象。

　　館內規畫了數個主題區，像是玻璃資訊館、藝術館、室外琉璃廣場以及生活商品館。除了讓民眾了解玻璃的發展歷史、基本素材、製作過程等知識，亦能透過親身體驗彈珠汽水、萬花筒等設計，來感受玻璃的奧妙。

　　台灣玻璃館的左側，還有一個不容錯過的打卡熱點，那就是經歷 6 年多、耗費上億元經費打造出來的，全台唯一一間玻璃廟——護聖宮。這間玻璃廟除了主要建材之外，其餘全部使用玻璃打造，連廟裡供奉的媽祖神像也是用玻璃製作的。以科技的手法帶出台灣傳統信仰，其創新的方式，令人驚嘆。

玉珍齋

沖壺好茶，擺上糕點，來場愜意
的東方下午茶。

⌂ 彰化縣鹿港鎮民族路168號（鹿港
　老舖）

☏ 0800-000-606
　04-777-3672

🕐 8：00～22：00

鹿港兔仔寮明豐珍牛舌餅

沒有華麗花俏的各式口味，僅用
最傳統的自然原味即能滿足你的
味蕾。

⌂ 彰化縣鹿港鎮海浴路843號

☏ 04-774-2197

🕐 週一至週六，上午9點開始發放號
　碼牌，發完為止（週日公休）

桂花巷藝術村
日式老建築，活化再利用

　　原是彰化縣鹿港鎮的日式宿舍群，這
些日據時期所興建的老房舍，在當時是日
本官員和眷屬的住所，後來經過重新整修
與規畫，改造成為一間間美麗古典、充滿
藝術氣息的創意工坊與傳統藝術的店家工
作室，因此吸引了鹿港鎮裡眾多優秀的藝
術工作者、設計師和工藝師進駐，讓這些
年代久遠的日式老建築有翻身的機會，活
化再利用。

　　進駐於藝術村裡的藝術工作者們，會
在店門口擺放充滿藝術特色的作品，並於
每個週末假期舉辦藝文展覽與表演活動。
這些駐村的藝術工作者們，無不使出渾身
解數，除了致力行銷鹿港傳統工藝之外，
也希望能夠透過深具特色的桂花巷藝術
村，讓鹿港成為富有人文意義與觀光價值
的藝術小鎮。

　　桂花巷藝術村因具有文創發展、藝文
展演、教育推廣與世代文化傳承創新的意
義，也為這歷史悠久的鹿港老鎮增添了許
多藝術魅力和文化觀光資產。

攝影 | 洪舜傑

第一零售市場
無法抗拒，傳統小吃的大本營

興建於民國68年，是鹿港鎮早期的工商業集散中心，後期因時代演變，成為鹿港鎮第一公有零售市場。市場外圍由民族路延伸包覆，左側為大明路，是一棟三面臨路的傳統式建築物，而深具歷史風貌的建築外觀，亦讓人完全無法忽視它的存在。

雖然迄今已逾40年的第一市場，周圍聚集了聞名的糕餅店——玉珍齋，與著名的打卡熱點——九曲巷、十宜樓、半邊井等眾多景點。但各路旅人無不是為了市場裡的眾多美食而來，因為第一零售市場可是聚集傳統小吃的大本營啊！

像是走養生路線，遵循古法手工製作，原汁肉漿，絕不添加硼砂與味精的新豐行手工貢丸。不但很大顆，也因甩捏關係，煮熟後縫細中有鮮美肉汁，咬下去還會爆汁，一粒就有飽足感。還有使用粗細不一的手工麵線，再加上大量蝦米去帶動湯頭鮮味的王罔麵線糊，只要少少銅板價，即能吃到美味又吃飽。其他還有蚵仔煎、鴨肉羹、水晶餃、龍山肉羹等等，每個都是值得老饕們一一品嘗的在地美食啊！

攝影｜洪舜傑

INFO

（1）從台北轉運站搭乘統聯客運「1652 台北—鹿港—芳苑」。

（2）搭乘台鐵到彰化車站，出站後於彰化客運站轉乘台灣好行鹿港線。

（3）搭乘高鐵至台中站，於5號出口出站後前往第5月台轉乘「6933台中—鹿港」路線公車。

攝影｜洪舜傑

 旅人帶路

新舊文化交融的鹿港

　　1982 年，台灣搖滾歌手羅大佑以其出道作品之一的，〈鹿港小鎮〉走紅。但其實羅大佑並不是鹿港人，只是有一次聽到一位年輕工人說他來自鹿港小鎮，而激發出這首創作。因此鹿港到底是怎樣的一個地方？從歌詞中略可看出端倪。

　　我家就住在媽祖廟的後面　賣著香火的那家小雜貨店
　　鹿港的街道　鹿港的漁村　媽祖廟裡燒香的人們
　　聽說他們挖走了家鄉的紅磚　砌上了水泥牆……

——擷取〈鹿港小鎮〉歌詞

　　〈鹿港小鎮〉歌詞中，羅大佑暗諷現代化讓鹿港失去古風。然而許多新景點卻帶給鹿港新的風貌，例如日式宿舍群改建的桂花巷藝術村，以及前身為台灣五大家族的鹿港辜家——辜顯榮舊居，現為鹿港民俗文物館，皆將老建築賦予不同的樣貌，讓人用新視角感受其不同溫度。除此之外，還有以老房子改建的獨立書店書集喜室，也讓鹿港小鎮展現出新舊文化交融的創意新風貌。

旅人介紹

黃靖純

鹿港對我來說是一個富有故事的城鎮，爸媽從小就會帶我們到鹿港老街去走走，長大後對於古鎮又更有興趣。自己深入探訪後，發現也有很多年輕人願意返鄉回來，用另一種方式讓古鎮的記憶被留下，不管是唱片行、展間或是書店，都能成為一種長輩智慧與年輕人思維的串連。

新旧文化が融け合う鹿港小鎮

　　1982年（昭和57年）に、台湾のロック歌手羅大佑のデビュー作品の一つ、「鹿港小鎮」（編曲は日本人作曲家山崎一稔が担当）が大ヒットしました。羅大佑は実は鹿港の住民ではありません。当時鹿港小鎮から来た若い労働者からインスピレーションを受けて作曲したとのことです。そんなことから、この歌は鹿港を知るための手がかりをあたえてくれます。

　　鹿港と言えば、1725年に竣工した天后宮は見逃せません。ここもまた、台湾で早くから湄洲媽祖を祀った廟です。廟の建築、木彫、石彫は有名な大工と彫刻師が手がけました。全体的に豊かな歴史の重みがあって、当時の街の記憶が残されています。参拝が盛んで、信徒は全世界にちらばっています。一年中参拝客が絶えることがなく、台湾の媽祖廟を代表しているので、三級古跡として国に認められています。

　　「入廟看廟門」（廟に入ったらまず門を見よ）、すなわち「廟の精髄は山門にある」。天后宮の三川殿（山門）の屋根は重簷歇山式（入母屋造）で、五開間という構造でつくられています。八卦月門と、正面の壁は、花崗岩と青斗石を用い、透かし彫りが精緻に作られています。石や木による龍虎の彫刻もみな、名人の手によるものです。それ以外にも廟中に収められ陳列されている貴重な資料、宗教文物的もまた、国内外の観光客の感嘆を誘っています。

　　鹿港は港です。この港での貿易がこの地の繁栄を牽引しました。清国時代には、台湾で二番目に繁栄している都市に位置づけられ、台湾語で「一府（台湾府城が置かれた台南）、二鹿（鹿港）、三艋舺（Báng-kah）（今の台北市萬華）」と並び称せられました。やがて港の堆積物により、貿易港としての地位が失墜しました。しかし、昔ながらの手工芸品や食べ物はいまだに残されています。たとえば麵茶、肉羹、糕餅などがそれです。

　　「鹿港小鎮」の歌詞中で羅大佑は、鹿港の昔ながらの風情が失われていくことを諷刺していました。しかし今、新たな観光スポットがこの地に新鮮な空気をもたらしています。桂花巷芸術村（日本統治時代の官舎を改造した建物）は、古蹟に今までにない表情を添えて、観光客たちこれまでとは異なる温度を体感させてくれます。古い家を改造した独立本屋「書集喜室」もまた、鹿港小鎮の新旧文化が融け合う新たな顔を見せています。

攝影｜洪舜傑

アクセス

(1) 台北轉運駅から統聯客運「1652 台北—鹿港—芳苑行き」に乗車。

(2) 台鉄に乗り、彰化駅で下車、彰化客運駅で台灣好行鹿港線に乗り換え。

(3) 高鉄に乗って台中駅で下車、5 号出口を出て第 5 ホームから「6933 台中—鹿港行き」路線公車に乗り換え。

溪頭
シートウ

人間仙境般的森林浴場

27

南 投 縣
ナントウシェン

位於南投西南邊的竹山區的鹿谷鄉，在台灣話裡發音為「khe-thâu」，意思是溪水的上游、源頭的意思。溪頭正因為北勢溪的源頭，因此得名。屬於中部山地溫暖濕潤氣候的溪頭，林相以中海拔為主，包含有柳杉、台灣杉、檜木、櫸木、楠木、銀杏等等，非常豐富。

在這不算大的山區擁有相當豐富的林區及景點，從竹山鎮一路往山邊走，有全台最大的實驗林之一溪頭自然教育園區、令人流連忘返的忘憂森林、四季百花爭豔的衫林溪，及近幾年蓬勃發展，深受大朋友、小朋友喜愛的溪頭妖怪村主題飯店等等，讓這個山區不只能享受大自然，更有各種豐富的活動可以遊玩。來到溪頭，別忘了早起享受大自然的芬多精，讓眼睛飽覽這滿山不同層次的翠綠，品嘗在地的山產美食，享受杉林溪的高山茶，絕對讓你每一個感官，都服服貼貼地喜歡上這個地方。

攝影｜洪舜傑

溪頭自然教育園區
居高臨下，從不同角度欣賞森林之美

　　溪頭最有代表性的地標，日治時期為台北帝國大學農業部所屬，民國後，溪頭為國立台灣大學農學院之用，面積約 2500 公頃。與水里、清水溝、內茅埔、和社、對高岳，一共 6 個營林區共為國立台灣大學生物資源暨農學院實驗林，共占台灣本島面積 0.92%，作為實地勘查，學術研究，及育植造林等用途。

　　園區內的步道規畫地非常仔細，13 個步道更依照平坦、緩坡、及較陡做分類，可供旅客選擇合適的步道。來到園區，必定要造訪著名的大學池、紅樓、銀杏林、生態展示中心及千年神木等等。其中千年神木雖然已在 2016 年因為颱風而倒塌，但仍可以看到保存下來的神木。你更不能錯過那全長 180 公尺，最高點距離約 8 層樓高的空中走廊，走在那蜿蜒於 50 年以上的台灣杉及柳杉林的走廊中，除了能夠居高臨下，從不同角度欣賞森林之美，每當山中山嵐升起雲霧繚繞時，更有一種行走林中，俠客一般的暢意。

攝影｜洪舜傑

攝影｜洪舜傑

溪頭妖怪村主題飯店
夜市文化及日本元素的結合

　　位在溪頭自然教育園區出入口旁，一處具有濃濃日式風味建築的商圈及主題飯店，這裡，正是深受大朋友、小朋友青睞的溪頭妖怪村主題飯店。創辦人林志穎為明山森林會館的第三代，承襲家族人脈的林志穎在接下家族飯店事業後，透過結合台灣人喜歡的夜市文化及日本的主題元素，成功將一個日據時代古老的溪頭傳說，打造為現在的妖怪村。

　　2009年創立後，白天在自然教育園區享受大自然美景的旅客，走進以創辦人爺爺名稱所命名的松林町商店享受各式美食小吃，已成為最經典的溪頭假期。每個假日傍晚所敲擊的平安鼓活動，是源自於村子裡勇士們敲擊鼓聲威嚇驅趕猛獸的傳統。此外，園區內以日文「枯麻」命名的小黑熊，及名為「八豆」的小雲豹更是深受小朋友喜愛。如果幸運，還能夠買到每日限量的咬人貓麵包。每當夜幕低垂，漫步在大紅燈籠龍的步道中迎接夜幕，讓這與世隔絕的森林，更添了一些神秘的氣息。

特色餐廳

溪頭亘石庭

老闆娘親切地招呼著人客在古厝庭園裡、屋裡吃山產，每人點一道主菜，就送菜湯白飯和水果。

⌂ 南投縣鹿谷鄉內湖村興產路4號
☎ 049-261-2261
🕐 11：00～14：30
　 16：30～19：00

妖怪村松林町商店及主題飯店

玩累了就找間喜歡的店家坐下來吃，享受最自在的親子時光。

⌂ 南投縣鹿谷鄉內湖村興產路2-3號
☎ 049-261-2377
🕐 松林町商店10：00～20：00（部分主題餐廳建議先訂位）

攝影｜張琬菁

攝影 | 吳孟霖

忘憂森林
如夢如幻的人間仙境

　　位於溪頭與杉林溪的中間的忘憂森林原是一處原始森林，由於長年霧氣繚繞，也有人稱此為「迷霧森林」。這座讓人流連忘返如夢如幻的人間仙境，誕生於921地震後，土石坍塌阻塞了河道形成了沼澤，特別推薦在夏季前往。夏日5、6月雨季過後的晴天，水面下滿是綠意的藻類，原本高聳的柳杉因為經年累月在水中逐漸腐化，傾倒在映著藍天的水面上，水中有景，景中有水，水天一色的景色，讓人一見就忘了所有的憂愁，而得忘憂森林之名。

　　忘憂森林海拔約 2000 公尺，山區過午常常起大霧，建議在附近過夜，隔日一早前往。此外，前往忘憂森林需要經過一條陡坡的產業道路，一般房車難以前往，可搭乘公車在忘憂森林站下車後搭乘吉普車上山。如果你是健行好手，可將車停在仁淵製茶廠後健行上山，或是將車子停泊在附近店家，搭乘店家的接駁車上山，前往被稱為「台灣的九寨溝」的人間仙境。

杉林溪森林生態渡假園區

杉林溪十景，一路驚嘆不虛此行

　　位於南投主山，距離溪頭大約 17 公里，開車大約 40 分鐘就可到達。為私人擁有的森林園區，園區內整理得非常精緻，一年四季都有不同的主題活動，也有豐富的生態及四季花卉。你一定不能錯過「杉林溪十景」，包括松瀧岩瀑布、青龍瀑布、石井磯、燕庵／龍瀦瀑布、天地眼、台灣杜鵑巨木森林、杉林溪湖、花卉中心、向欣谷及 12 生肖公路。

　　從進到園區前一共經過 12 個彎，同為杉林溪十景的 12 生肖公路，倘若只有半天的時間，不妨由服務中心搭乘遊園車直達松瀧岩，探訪松瀧岩瀑布，再經由天眼步道一訪千古紅檜，最後再一路直達最高處的天地眼。到了下午，從霧氣繚繞的天地眼下山，經由地眼步道、99 吊橋、樂山步道，回到花卉中心（藥花園）觀賞一年四季展示的不同種花卉，其中牡丹花、葉牡丹、繡球花、鬱金香、金鐘花及山櫻花更是被稱為「杉林溪 6 大名花」。這裡的好山好景，以及一年四季不同的主題活動絕對讓你不虛此行，四季都值得一訪再訪。

INFO

🚌（1）搭乘台鐵到台中車站，出站後步行前往台中干城站，轉乘「6883台灣好行溪頭線」。
　　（2）搭乘高鐵到台中站，從5號出口出站後前往第2月台，轉乘「6883台灣好行溪頭線」。

攝影｜洪舜傑

 旅人帶路

走入活的自然圖鑑

　　一踏進溪頭自然教育園區，蟲鳥齊鳴的交響樂便在耳邊乍響，遙望那看不見盡頭的山頂，溪頭特有的潮濕氣候，形成團團雲霧包覆了樹梢。路面寬敞不會感到壓迫，園內的指標也是相當明瞭，四周氣息濕涼卻清爽，讓人不自覺深吸了幾口，想將這些芬多精，偷裝幾袋帶回喧囂的城市。

　　沿著大學池林道走到了大學池，與過往慕名而來的莘莘學子一樣，從竹編的拱橋走到池中，讚嘆著池邊圍繞而生的落羽松，薄霧飄渺恍如來到仙境；一幅山水倒映在靜止的湖面上，偶爾漾起微波，更像是觸碰夢境般令人陶醉。

　　在穿越露天音樂會場後，你會看到搭建在樹冠間的空中走廊，鏤空的步道絕對是值得一試的體驗，除了方便大家欣賞樹頂景致，由上而下的視野更可將豐富的植被盡收眼底、大飽眼福。因此，放下肩上的煩悶，遠離都市的塵囂，並盡情地沐浴在芬多精中吧！

旅人介紹

李怡儀

當漫步在熙攘的街道，便想聽清楚自己的心跳；當深入一片蓊鬱，便想找到探頭的精靈；想在灑落的陽光中，躺進森林的懷抱裡；踏往山林中的小徑上，我不禁在想，是否有幸能遇到熊先生呢？

深い山に隠れた避暑地

　　南投県の渓頭の山奥には台湾大学の実験林があります。ここにはたいへん長い歴史があり、豊富な種類の植物や、特殊な造景の渓頭自然教育園区があります。気楽な登山にもってこいの場所というだけでなく、入場料以上の価値のある場所です。

　　園内にある有名な大学池は、まるで別世界のようです。孟宗竹でつくられた太鼓橋を渡って池の中ほどまで行くと、池の周りを落羽松（ぬますぎ）が囲み、薄霧がぼんやりとたちこめている様子は、私たちを仙境にでもいるかのような感覚にさせます。静止した湖面に映る一幅の山水画は、時たまさざなみがたつと、夢の世界にいるような陶酔した気分を演出します。春であれば、咲き乱れる山桜も観賞することができます。たくさんの恋人たちこの地で愛を誓い、静寂な雰囲気がロマンを添えています。

　　大学池だけではなく、園内にはなかなか見ることができないようなすばらしい景勝地が存在します。銀杏林に鳳凰山、空中回廊に植物探索園、さらに神木歩道や鳥観賞歩道、巨石歩道などのさまざまな歩道があり、私たちを大自然にぐんと近づけてくれます。園内には宿泊施設もあります。渓頭自然園区は数日滞在するだけの価値がある場所です。ぜひこの地で肩に背負った悩みを解いて、都心の喧騒から離れた場所で心行くまで森林浴を楽しんでください。

攝影｜洪舜傑

アクセス

（1）台鉄に乗り、台中駅で下車、台中干城駅まで歩き、「6883 台灣好行渓頭線」に乗り換え。

（2）高鉄に乗り、台中駅で下車、5 号出口から出て、第 2 ホームから「6883 台灣好行渓頭線」に乗り換え。

清境農場
チンジンノンチャン

10

南投縣
ナントウシェン

沉浸在療癒的山景與綿羊群中

位在南投縣仁愛鄉，此地海拔約 1750 公尺，每年 5 ～ 9 月份的氣溫約在攝氏 15 ～ 23 度左右，有「霧上桃源」之稱。四周群山環繞，地處台灣賞雪勝地「合歡山」的必經道路上，因此每到冬季，賞雪的人潮絡繹不絕。

清境農場最著名的便是一大片無垠的青青草原，還有遊走於草地上的綿羊群。綿羊身上雪白的羊毛與天空裡漂泊的白雲相互應和，令心情隨之柔軟輕盈起來。每逢週日的 9 點 30 分和 14 點 30 分，在青青草原上，還有來自紐西蘭的專業畜牧農主持「羊咩咩脫毛秀」和「牧羊犬趕羊秀」，綿羊群透過牧羊人的手語、口令和哨聲進場，為觀眾帶來精采的表演。此外，剃毛橋段更是重頭戲，看著牧羊人熟練俐落地幫綿羊剃毛，羊咩咩立刻變得光溜溜，好不可愛。脫毛秀結束後，遊客更可以與遊走整個園區的綿羊群近距離互動，與羊群合影、餵食。

攝影｜洪舜傑

花海、湖泊、樹林，風情各不同

除了可愛的綿羊外，清境農場裡也有飼養馬匹，在工作人員的帶領下，遊客能騎乘馬匹一覽園區風光。而在園內的觀山牧區，亦有由哈薩克專業騎士演出的馬術秀，騎士於馬背上站立、翻騰、跳躍，甚至是高難度的射箭演出，你不必親臨哈薩克高原，便可在清境農場一睹專業的馬術表演。馬術秀表演時間是在每日 10 點 45 分和 15 點 45 分，與綿羊秀並列為清境農場 2 大必看表演秀。

除了綠意盎然的青青草原，在公路旁還有一個充滿異國風味的小瑞士花園，一進入就可以看到一個小小的湖泊，圍繞的步道一側布置了滿遍的花海與風車，另一側則是高聳的楓樹跟林木。隨著園區眾多的步道遊覽園區：茶園步道、柳杉步道、觀山步道、翠湖步道、長城步道……欣賞清境農場迥異而優美的萬種風情。

你若厭倦了城市中的熙來攘往，而欲求親近遼闊無際的天空，位居高海拔的山區的清境農場，還有號稱「全台灣最高」的 Starbucks 咖啡廳，給人不一樣的品味體驗。在這裡，你可以遠離都會區忙亂緊張的節奏，讓心境隨著高山的雲霧冉冉上升，遨遊天際。自由奔放的農場生態，與彌漫異國風味的建築景觀，令人心曠神怡的清新空氣，是清境農場不容錯過的最大因素！

著名伴手禮

清境羊咩咩保養品專賣店

主打綿羊系列的產品，從臉部及身體的保養到眾多羊乳製食品應有盡有。

🏠 南投縣仁愛鄉仁和路186之1號
📞 04-9280-2940
🕐 平日08：30～17：00
　　週末08：30～17：30

阿開內圓

接近一甲子的手工滋味，「惜福湯」讓你回味無窮。

🏠 南投縣埔里鎮南盛街41號
📞 04-9298-6964
🕐 09：00～19：00

攝影｜洪舜傑

攝影│洪舜傑

INFO

⌂ 南投縣仁愛鄉大同村仁和路170號

☎ 04-9280-2748

🕐 08：00～17：00

🚌（1）從台北轉運站搭乘國光客運「1832台北—埔里」，埔里站下車後轉乘南投客運往翠峰、松岡
　　　方向，即可抵達清境農場。

　　（2）搭乘台鐵到台中車站，出站後步行至台中干城站轉乘南投客運前往清境農場。

　　（3）搭乘高鐵至台中站，從5號出口出站後前往第3月台轉乘南投客運至埔里，下車後再轉搭南投
　　　客運往翠峰、松崗方向，即可抵達清境農場。

攝影 | 洪舜傑

 旅人帶路

隱身在高海拔群山中的世外桃源

　　風情萬種的清境農場，山路旁到處可見歐風的民宿建築，讓遊客感受特別舒服放鬆，可以說是台灣的小歐洲。雖然園區小小的，但卻充滿著浪漫氛圍，一旁不時還有一群悠閒的白鴿在地上啄食，彷彿真的來到國外。

　　高山的氣候變化莫測，晴朗時可見藍天白雲，陰雨時還可見雲海翻騰。看著深山中的雲霧倒映在湖面上，雲影合一，美不勝收。除了春季有桃花、梨花、蘋果花陸續綻放；5月為牧區野菊花及合歡山高山杜鵑盛開季，尤其到了秋季，遊客可以在此欣賞一片片落楓散落，並與楓紅的唯美景致合影留念。而在晚餐後，還可以再次入園，欣賞湖中的水舞表演，別有一番風味。

　　清境地區除了有優美的高山景觀外，還有過去由滇緬地區撤退來台的反共救國軍與榮民在此發展，因此也可以嘗試道地的擺夷料理。此外，還有綿羊油、羊乳片等多種特色伴手禮可供挑選，或者品嘗高山栽種的鮮甜蔬果，相信大家會對這裡有著難忘的回憶。

 旅人介紹

吳乙心

1990年生於台灣屏東，居住地高雄。只是想當一個旅行者，把我走過的故事分享給你們，還有我的故鄉——台灣。期望能帶領大家一同感受我在清境的美好體驗，並將這些故事持續傳誦下去。

桃源郷に身をひそめて

　清境農場と言えば、やはり緑豊かな草原でしょう。紺碧の空、白くてかわいい羊たちがその緑の斜面で白点を散らすように放牧されている風景を遠くから眺めていると、心に安らぎをおぼえます。羊たちは何にもじゃまされることなく、自由に動き回り遊びまわっています。休日になると綿羊ショーが開かれ、いつも人だかりができています。

　高山の天気は予測不能です。天気の良い時は青空と白い雲を眺め、曇りや雨の時は雲海が立ちあがるのを眺めます。春は桃の花の他にも梨の花やりんごの花がつぎつぎとほころびます。5月は放牧地の野菊や合歓山ツツジの開花期です。特に秋の10月に清境農場へカエデの観賞に来ると、紅葉した葉が舞い落ちる景色が別世界にいるようです。

　清境農場の青々とした草原以外にも、道路沿いに異国情緒あふれる「ミニスイスの花園」があります。花園に入ると小さな湖があり、湖を囲む歩道には、一面に広がる花の海と風車があります。反対側にはカエデの木をはじめとする木々がそびえたち、ちょうど秋であればカエデの紅葉を観ることができます。冬になると、湖の周囲にたちこめる雲や霧を背景に桜の花を愛でることができます。湖面に映る雲と花の影は美しいことこの上ありません。園内はそれほど広くはないですが、ロマンチックな気分に包まれます。ふと見ると傍に白バトの群れが、ゆったりと餌をついばんでいて、異国を彷彿とさせます。夕食後は再び園内に入ることができるので、湖での水の舞を鑑賞するのも風情があってよいでしょう。

　清境は山中の一区画に過ぎませんが、さまざまな表情を見せてくれます。山道のあちこちにヨーロッパ風のペンションがあり、観光客に安らぎと憩いを与えています。「台湾の小ヨーロッパ」といったところでしょうか。この地では擺夷料理（この地の伝統料理）を楽しめます。さらに羊の油や羊の乳などの特色あるお土産も購入することができます。また高山で採れた新鮮な野菜や甘い果物もお試しいただけます。きっと忘れがたい思い出になるに違いありません。

アクセス

(1) 台北轉運駅で国光客運「1832 台北―埔里」に乗り、埔里駅で下車後、翠峰、松岡方向行きの南投客運に乗り換えて清境農場へ。

(2) 台鉄に乗り、台中駅で下車、台中干城駅まで歩き、清境農場行きの南投客運に乗り換え。

(3) 高鉄に乗り、台中站駅で下車、5号出口から出たら第3ホームの埔里行きの南投客運に乗り換え。下車後、さらに翠峰、松岡方向行きの南投客運に乗り換えて清境農場へ。

高美濕地

面對退潮的海岸，看見自己的海闊天空

12

タイジョンシー
台中市

　　高美濕地位於台中市清水區大甲溪南岸，由於地處河水、海水交界處，也有泥質與砂質地形，因此孕育複雜而豐富的物種。日治時期闢為海水浴場，爾後因台中港開發導致泥沙淤積而關閉，台中縣政府於民國 93 年公告劃定此地為「高美濕地」。當秋冬之際，高美濕地便吸引候鳥避冬，是賞鳥人士觀賞的據點之一。

　　在大甲溪、清水大排出海口之間，綠意盎然的是台灣最大族群的雲林莞草區，形成乾濕相間伴有植物生長的複雜地形，因為地形多變，生態種類亦相當複雜，主要種類為鳥類、魚類、蟹類及其他無脊椎類等生物；每年秋冬之際，都會有大批的候鳥前往作客，不管是短暫的休息，或是駐足過冬，都為高美濕地增添了不同的生態風貌，更成為賞鳥人士的新據點。

攝影｜尋歆德

豐富濕地生態，最美天空之鏡

　　泥灘沙灘區則爬滿了彈塗魚以及數不清的招潮蟹，讓人眼花撩亂。沿岸邊海堤環繞著濕地，長達 3 公里多的自行車道，從弧線造型的景觀橋俯看濕地，再去守護濕地的媽祖（西安朝天宮）祈求平安。若還有體力，就逛逛有英式庭園的八角形紅白燈塔（高美燈塔，目前已停用，建於 1967 年，塔高 34.4 公尺，燈高 38.7 公尺，光程 16.2 浬，其主燈有 150 萬燭光，每 30 秒旋轉一圈，連閃白光 3 次。2014 年 9 月 27 日，交通部航港局重新翻修後，開放讓民眾參觀。

　　一旁有 2018 年底剛啟用的台中市高美濕地遊客服務中心生態體驗館，詳細介紹台灣各個濕地的分布情況，包含了濕地的相關知識，高美濕地的歷史沿革，蘊藏著豐富的自然生態資源，也是大朋友、小朋友最好的自然老師。可以得知高美濕地是如何從一個海水浴場後來慢慢變成了一塊溼地，以及認識高美濕地豐富的生態，像是植物、棲息環境、螃蟹種類等，還有許多的鳥類，環環相扣的情況下造就了這片美麗的濕地。

特色餐廳

芋之香大甲芋頭

僅20分鐘車程的大甲鎮瀾宮，廟旁美食小吃不同於一般台灣夜市，有大甲生產才好吃的芋頭冰及可遇不可求的芋香包（記得跟老闆娘說要現吃，才會加上獨家醬料啊！），芋頭鬆鬆綿綿的口感，因為沒有其他調味，所以甜度也比想像低，每一口都吃得到大甲芋頭的香甜滋味，真材實料。

⌂ 台中市大甲區鎮瀾街105號

☎ 0980-747-711

🕐 週一～週五9：00～17：00
　　週六、週日7：00～18：00

攝影｜洪舜傑

　　高美濕地被國際網站譽為一生必遊一次的景點，而且選入世界 7 大天空之鏡的殊榮，有提供華語、英語、日語導覽解說高美濕地歷史、地理、人文、生態的套裝行程服務。

　　依據高美濕地海水潮汐時間推算木棧道開放時間。

　　木棧道封閉時間：漲潮前 1.5 小時（大潮前 2 小時），木棧道開始封閉。

　　木棧道開放時間：漲潮後 1.5 小時（大潮後 2 小時），木棧道重新開放。

攝影｜洪舜傑

INFO

（1）搭乘台鐵到台中車站，出站後搭乘巨業客運「309 高美濕地—台中車站」，於「高美濕地（三順站）」下車，步行約1.5公里便可抵達木棧道入口。

（2）搭乘台鐵到清水車站，出站後轉乘巨業客運178、179、111、688（限假日）線前往高美濕地。

（3）假日搭乘高鐵到台中站，步行至台鐵新烏日車站，轉乘中鹿客運655線至「高美濕地遊客中心」。

攝影｜洪舜傑

 旅人帶路

寧靜海風的浪漫——高美濕地

　　來到高美溼地當然不能錯過跨越濕地的木棧道！這步道只在每天下午的退潮時刻開放，而海風365天從不停止，夏天配上豔陽，冬日佐以冷冽。請記得依照天氣預報帶上帽子雨傘，當然別忘了你的相機及飲料！

　　喜歡一個人坐在木棧道上，找尋暫時停留覓食的水鳥，胡思亂想牠的下一站是哪裡？或是眺望海洋盡頭的地平線享受海明威式的孤獨；偶爾也與朋友並肩漫步到木棧道盡頭，脫下鞋子踏入閃亮亮的海水，讓腳掌被溫柔的泥沙包圍，盡情奔跑踏浪後，帶著海水濺濕的褲腳，頂著被海風吹亂的頭髮，開心地比賽誰能找到更多的招潮蟹！

　　這裡最著名的就是巨大的風力發電機，傍晚時分，請一定要把一整排的大風車、景觀橋、暖呼呼的夕陽及遠遠的大度山，還有開懷大笑的記憶，通通裝入相機之中。這片四季不同風情的海岸，填滿不同的人生四季，相信你會跟我一樣愛上這難以忘記的感動！

旅人
介紹

高鈺燕

理性與感性的孤僻跨界者，永遠相信人生有下一個可能！出生在天龍國，18歲之前最愛的書是字典與成語典，著迷在林語堂和《未央歌》之中，放假總徘徊在各畫展裡。想不到在台中讀書4年後，無可救藥地愛上這一大片可以滾著草原、穿著豔陽、眺著海洋的地方！推薦被國際看見台灣美景之一的台中高美濕地。

海風ただよう高美の湿地

高美の湿地は大甲溪（台中中部を流れる主要な川）が清水で海に流れ込む所に位置しています。あふれんばかりの緑の正体は、台湾中で最も多く群生する雲林莞草です。泥地と砂地にはトビハゼがはい回り、シオマネキがめまぐるしいほど無数に生息しています。

この湿地をめぐる長い防波堤は3キロ以上におよぶサイクリングルートになっていて、このルートをたどって湿地体験館に行くことができます。弧の形につくられた景観橋から湿地を見下ろし、この湿地を守ってくださっている媽祖（西安朝天宮）に向かって祈りをささげ、体力があれば、イギリス式庭園のある八角形をした紅白の塔の周辺をめぐるのもおすすめです（高美燈塔は現在稼働していません）。

もちろん外せないのは、湿地をまたぐ木の遊歩道です。この歩道は毎日午後の引き潮の時に開放されていますが、365日吹きやまない海風に加え、夏は強い日差し、冬は厳しい寒さにさらされます。天気をみて帽子や雨傘を持参しましょう。もちろん、カメラと飲み物もお忘れなく！

一人で遊歩道を歩き、餌をついばみにきた水どりに「次の行先はどこですか」、と尋ねることもできます。また海の果ての地平線を眺めながらヘミングウェイ的な孤独にひたるのもよいでしょう。友達と肩を並べて歩道の果てまで歩き、靴下を脱いでキラキラ光る海水に足を浸し、足の裏をあたたかい砂で包み込み、波間を駆け巡ってみましょう。巨大な風力発電機と最高の笑顔をカメラに収めるのも一興です。

ここでは必ずしも毎日美しい夕日を見られるとは限りませんので、夜は車で20分ほどの大甲鎮瀾宮に行き、その近くで他の台湾夜市とはまた一味違うグルメを楽しむのもよいでしょう。原産のお芋アイスや、希少なお芋饅頭（お店のお母さんによると、自家製のソースはここでしか味わえないとのこと）などがありますよ。

アクセス

(1) 台鉄に乗り、台中駅で下車、巨業客運「309 高美濕地 - 台中駅行き」に乗り換えて、「高美濕地（三順駅）」で下車、さらに 1.5 キロほど歩き、木桟道入口へ。
(2) 台鉄に乗り、清水駅で下車、巨業客運 178、179、111、688（休日を除く）線に乗り換えて高美濕地へ。
(3) 休日は高鉄に乗って台中駅で下車、台鉄新烏日駅まで歩き、中鹿客運 655 線で「高美濕地遊客中心行き」へ。

チンメイシャンチュエン

勤美商圈

揉雜自然與藝術之地

26

タイ ジョン シー
台中市

　　勤美誠品綠園道位在台中西區，鄰近草悟道和市民廣場，原本是物業管理的公司大樓，於 2008 年與誠品集團合作，改建成勤美誠品綠園道。完工時漫步在綠園道，彷彿能知覺綠意攀上心的一隅，能在喧囂的混凝土叢林中，尋回消失已久的愜意。而隨著台灣近年來刮起的文創風潮，揉雜自然與藝術的勤美更是不可漏網的景點。

　　已在台中市舉辦逾 16 年的爵士音樂節，相關活動便在以市民廣場主舞臺延伸至草悟道中段小舞臺的勤美商圈裡舉行。每年 10 月中下旬皆吸引大批熱愛爵士樂的朋友相聚在此，一連 9 天的時間沉醉在音樂的薰陶下，自 2013 年開始，參與人數突破百萬，成為臺中獨立音樂活動的指標。此外，周遭亦有出色的街頭藝人表演，以及許多美食和文創攤位提供遊客飽餐遊覽，堪稱是勤美商圈的年度大活動。

攝影｜洪舜傑

而在每年年底，勤美綠園道還會推出一年一度的聖誕村活動，2018 年度主題為「來不及了聖誕節 Santa Help Me！」。除了充滿夢幻的聖誕氛圍，還有設立聖誕明信片商店，販售特別的「感溫變色耶誕卡」和「陌生人隨機配對式的聖誕回信卡」。1 樓大門口還有特別設立的 IG 沖洗機台，遊客可在拍完照片後立刻沖洗留念！

重要藝術展區，享受文創魅力

2018 年的年底，勤美更與日本建築大師隈研吾合作發表「勤美之森」設計概念。同時，為期 2 個月「隈研吾的材料公園 Kango Kuma：Park of Materials」展覽也在年底展開，此展是繼東京與上海後的亞洲第三站，也是隈研吾建築師在台灣的首度展覽。強調在地取材、低調且凸顯美好自然環境的隈式「負建築」理念，與注重永續與反璞歸真的勤美，真可謂有異曲同工之妙！

無論是誰，都能在這裡找到屬於自己的角落。你如若迷戀風與陽光，可以在沿途的林蔭下乘涼，仰望風箏在空中飛舞，

特色小吃

星野銅鑼燒

鬆軟富層次化的外皮，扎實飽滿的餡料，冷凍或退冰後品嘗都一樣美味。

⌂ 台中市西區公益路132號
☎ 04-2326-6098
⏰ 09：00～22：00

光之乳酪

半蒸半烤，沐浴在綠園道陽光下誕生的半熟乳酪。

🌐 目前僅限網路訂購
官網：https://www.koucheese.com/
⏰ 11：00～21：00

攝影｜張琬菁

聽遠近孩童的笑鬧；你如若鍾情逛街購物，一旁的商場裡有許多新奇的品項等著你挖掘，巷弄間的小店面也藏有祕寶，足以讓人驚嘆連連；你如若熱愛大啖美食，沿路一排風味餐館正等著挑逗你的味蕾，除絕妙的口味以外，別出心裁的裝潢和舒適的用餐空間更使人神往。

　　每當台中人不知假日何去何從，最常說的就是：「那就去勤美吧！」來訪的旅客得以沉浸在文創的魅力中，兼顧自然休閒與購物的勤美綠園道，是入圍前30大旅遊景點的一大因素！

攝影｜陳容凰

INFO

🚗（1）搭乘高鐵到台中站，於六號出口出站後前往13號月台轉乘159號接駁公車，在科學博物館站下車，步行約5分鐘。

（2）搭乘台鐵到台中車站，於復興路四段轉乘51號公車（往莒光新城），在英才公益路口站下車，步行約4分鐘。

（3）搭乘台鐵到台中車站，於台灣大道搭乘81號公車（往統聯轉運站），在草悟道（市民廣場）站下車，步行約2分鐘。

攝影｜洪舜傑

 旅人帶路

勤美誠品綠園道的文創魅力

　　閒暇時刻，我常常乘著台中市區公車，讓窗外街景的流動來代謝平時忙碌的煩悶。當公車駛進勤美商圈，一片綠意盎然映入眼簾……我相信無論是誰，都能在這裡找到屬於自己的角落。我喜歡在附近的甜點店「fermento 發酵」與好友享受美好的午茶時光；也常在「hecho 做咖啡」等特色咖啡館工作與閱讀。每當從店面的玻璃窗望向街道，看見往來的居民與旅人腳踩輕快的步伐走過，就覺得心情跟著輕盈飛快起來。

　　此外，對於新書情有獨鍾的我也常造訪勤美 3 樓的「誠品書店」。看著陳列在架上一個個設計精美的書封，翻閱一本本飽藏知識的書目，耳聽令人通體舒暢的輕柔配樂，若無事便能待上一整個下午。

　　勤美誠品綠園道所呈現的是新的生活態度，來訪的旅客得以沉浸在文創的魅力中，受自然與藝術滌化心靈，帶走世俗沾染上的塵垢。

朱思瑜

旅人介紹

台北人，生於楓落的秋季。因求學緣故來到台中定居，閒暇之餘，總愛乘著公車往「勤美綠園道」跑，在淡淡書香中度過整個午後時光。常常乘著台中市區公車，讓窗外街景的流動來代謝煩悶，而「勤美商圈」便是我最常造訪之地。

文化創造の魅力に浸って

　　勤美誠品緑園は台中西区の草悟道と市民広場近くに位置しています。緑園道で散歩すると、緑が心の片隅まで入りこんでくるような感じがしてきます。ざわざわとしたコンクリートジャングルにいながら、心地よい時間を取り戻すことができます。台湾社会では近年、文化創造の風潮が高まり、自然と芸術が混在一体となっているこのようなスポットは、見逃せない場所となっています。

　　風と戯れ、日光を存分に浴びたいなら、道沿いの木陰で涼をとったり、空を舞う凧を眺めたり、子どもたちの笑い声を楽しむのもよいでしょう。街で買い物を楽しみたくなったら、すぐそばのショッピングセンターに行ってみましょう。たくさんの物珍しいグッズが、あなたに見つけてもらうのを待っています。ちょっとした片隅にある小さな店にも、驚くような隠れた名品があります。グルメ好きの方には、通り沿いに並んだレストランがおすすめです。どの店もあなたの舌を喜ばせようと楽しみにしています。絶品料理のみならず、工夫を凝らしたインテリアと心地よい空間満足できるでしょう。

　　勤美誠品緑園道は私たちに新しい生活スタイルを提示しています。観光に訪れた人びとはこの地で文化創造の魅力に浸ひたりながら、自然と芸術を味わい、心を浄化し、俗世の塵を払うことができるのです。

アクセス

(1) 高鉄に乗り、台中駅で下車、6 号出口から出て前 13 号ホームから 159 号接駁公車に乗り換え、「科學博物館駅で」下車、徒歩約 5 分で到着。

(2) 台鉄に乗り台中駅で下車、復興路四段で 51 号公車（莒光新城行き）に乗り換え、「英才公益路口駅」で下車、徒歩約 4 分で到着。

(3) 台鉄に乗り台中駅で下車、台灣大道で 81 號公車（統聯轉運駅行き）に乗り換え、在草悟道（市民廣場）駅」で下車、徒歩約 2 分で到着。

ウーリンノンチャン
武陵農場
歡迎光臨雪霸國家公園

タイジョンシー
台中市

　　台灣雖然國土不大，但是半數以上是山地，海拔超過 3000 公尺的高山也多達 269 座。而在這之中，武陵農場屬於雪霸國家公園的登山口之一，不只是專業登山人士的出發點，更是大部分民眾享受山林環境的最佳休閒場所。

粉櫻爆棚，收服你的少女心

　　每年春季盛開的櫻花總會染得山頭一片粉紅，不少台灣人會專程搭機前往日本賞櫻。然而，在台灣若要賞櫻，首選絕對是武陵農場。

　　自農曆過年開始就會湧入大量遊客。近年來為確保賞櫻品質，每日限制遊客進場人數，想一睹「少女心」的武陵農場，可得把握門票秒殺的 3 分鐘哦！花期大概延續到 3 月中，除了粉紅以外，還有白色的霧社櫻花、以及深紅色的琉球緋寒櫻等。

　　當然，春天的武陵並不只有櫻花耀眼；雍容華貴的紫藤花高掛棚架，淡紫色的小花懸垂而下，隨風搖曳的優雅姿態，想像著在底下穿梭的場景，彷彿自己也成為電影明星了。然而，紫藤花的花期並不長，大約只有 3 週（3 月中到 4 月初），因此必須抓緊時機。

攝影｜林俊宏

設備完善，星空下體驗露營

　　特地來到了武陵農場，在這裡住上一晚也是一種很棒的選擇。農場內不只有旅館提供住宿，露營區更是人氣極高。但可別以為露營就是必須忍受不便與簡陋工具，甚至是無法吃飽穿暖的過夜。武陵農場擁有廣闊但整齊的露營地，也有完善的制度與規畫，除了有熱水的淋浴間以外，營本部也有糧食可補給，不用擔心半夜肚子餓。

　　露營的好處就是能認識來自各地的朋友。到了夜晚，與鄰帳的人們分享自己拿手的露營料理、在浩瀚星空下聽著人與人、昆蟲與昆蟲、青蛙與青蛙的交談聲，真的就是一種「世外武陵」的感覺、心滿意足的回憶都留下來了。

特色美食

楓林小館

秋天看著楓葉，品嘗國民美食。

⌂ 台中市和平區武陵路3-1號
📞 04-2590-1259 #2001
🕐 07：00〜22：00
　（全年無休）

武陵農場限定的酸白菜

冷颼颼的冬天，能吃到熱騰騰的酸菜白肉鍋，是最棒的享受。

⌂ 武陵農場旅服中心，台中市和平鄉平等
　里武陵路3號
📞 04-2590-1257 #1118
🕐 08：00〜21：00
　（全年無休）

攝影│洪舜傑

攝影｜洪舜傑

生態豐富，四季風貌皆精采

　　其他季節的武陵也有各種面貌，若想避開人潮就挑平日上山，來趟步道之旅。一般搭乘遊覽車的旅客都會在南谷、或是茶莊一帶活動，沿著步道行走會經過「櫻花鉤吻鮭生態中心」、或是桃山步道等，優閒欣賞山中的景色。

　　在小小的島國台灣，同時凝聚了生態豐富的原生種以及地形多采多姿的雪霸國家公園登山口：武陵農場，歡迎大家前來盡情享受！

INFO

🚌（1）搭乘台鐵到宜蘭車站，出站後前往國光客運宜蘭轉運站，轉乘「1751 宜蘭－梨山」（經武陵農場）。

　　（2）台北車站東三門外側可搭乘台灣觀光巴士武陵線專車，須於72小時前訂車。
　　　　電話 02-2796-5696。

　　（3）自行開車前往，沿著埔里台14線，往合歡山、梨山方向，轉台7甲線即可抵達。
　　　　須注意的是：賞櫻季會管制散客上山。

攝影｜林俊宏

 旅人帶路

與印在鈔票上的台灣原生種動物不期而遇吧！

武陵農場當初是因政府的中部山地開墾計畫而進行開發的。曾經是國軍的休閒中心，可以在園內看到蔣公行館等稍微有些政治味的建築物。台灣的歷史很複雜，可能有不少人有著「好不容易來到美麗的山林，真不想要聊政治呀」的想法。

不過我在第一次造訪這裡時，完全感受不到歷史的負擔，反而遇到了擁有不同理念、不同類型的旅伴，以及在農場裡悠閒放鬆遊憩的人們。讓人由衷感謝起當初開墾、建設與維持武陵農場的人們，謝謝他們的付出，才能讓我們能夠享受這一切的美好。

春天的台灣山櫻、夏天的桂花、秋天的各式紅葉、冬天的梅花，隨著四季變化，可以享受到的美景不僅不同，還可以在七家灣溪流域近距離觀察櫻花鉤吻鮭、在桃山瀑布區的步道與台灣帝雉來趟偶遇。這些動物不須多加介紹，都是印製在鈔票上的台灣原生種大明星。如果遇到了請也拿出紙鈔來比較看看！

旅人介紹

洪舜傑

學生時代起旅居日本後，生活中感受著台式臭豆腐與日式納豆般地文化衝擊。藉由這次的出版機會，用文章向遠道的日本朋友說聲歡迎光臨，用照片向摯愛的土地說聲好久不見。

台湾固有種と出会えるチャンス

　　台湾は小さな島国なのに国土の半分以上は山地が占め、三千メートル級の山は269座もあります。その中に、雪霸国立公園の登山口である武陵農場は、「がっつり山登り」のスタートポイントでもあり、山の自然環境を様々な過ごし方で満喫できる場所でもあります。

　　武陵農場は当初、台湾政府が中部山地を開墾するために計画されました。かつては国軍の休養所としても使用され、園内には蒋公行館などの政治遺跡が少し残っています。台湾の歴史は複雑で、「せっかく山奥にきたのだから政治の話を遠慮したい」という人は多いでしょう。私は初めてここに訪れたとき、全く歴史の重さを感じず、むしろ農場にきた人たちのそれぞれの楽しみ方に惹かれて、最初に武陵農場を建設、維持してくれた人たちに感謝していました。

　　春の台湾山桜、夏のモクセイ、秋の紅葉、冬の梅を四季によって楽しめるだけではなく、七家湾溪で間近に櫻花鉤吻鮭という台湾マスを観察できたり、桃山滝の歩道で台湾帝雉と遭遇したりすることもあります。いずれも台湾の紙幣に載っている大変珍しい台湾固有種なので、見かけたらぜひ、お札の模様と比べてみてください。

　　せっかく武陵農場に来たのだから、ということで一泊、または連泊する人も多いです。敷地内のホテルだけではなく、キャンピングでもかなり大人気ですよ。夜になると、隣のキャンプと自慢の一押しキャンプ料理をシェアしたり、星空の下で人、虫、カエルの歓談する音を浴びたりする、愉しい思い出しか残りません。

　　小さな島国ならではの、凝縮した豊富な固有種や多彩な地形を、ぜひ雪霸国立公園の登山口、武陵農場からご堪能ください。

（アクセス）

(1) 台鉄に乗り、宜蘭駅で下車、国光客運宜蘭轉運駅に行き、「1751 宜蘭―梨山行き」（武陵農場経由）に乗り換え。

(2) 台北駅東三門外側から台灣觀光バス武陵線専車に乗車。72 時間前の予約が必要。電話 02-2796-5696。

(3) サイクリングも可。埔里台 14 線に沿って合歡山、梨山方向へ。台 7 甲線に入るとすぐに到着。注意点：花見の時期は入山制限あり。

Chapter
03

南部 新城與舊城的洗禮

充滿熱情的南台灣，
到哪裡都可以待上一整天，
享受可以在港口吃頓新鮮直送的海產，
也可以暢遊熱鬧老街，
沉浸在文化風情與購物愉快中，
如此美妙的滋味，不親自來一次，怎麼可以？

7 安平
アンピン

台南市
タ イ ナ ン シ ー

站在台灣歷史的起源地，翻玩老街新形象

　　安平舊社區位於現今安平區北邊，是台灣最早開發的區域之一，安平舊港曾經是南台灣第一大港，然而因為淤積嚴重而封閉；今日安平部分土地則是由海埔新生地填土而成。「鯤鯓」是台灣西南沿岸的特殊地形，意指濱外沙洲，早期安平區尚未填平之前，必須乘坐竹筏到達台江內海的各鯤鯓。

　　也因為歷經荷蘭、明鄭、清朝、日治、一直到現在三百多年的歷史，安平區擁有相當豐富的古蹟，境內許多房屋與習俗仍延續傳統風貌。其中最為知名的觀光景點包括億載金城（二鯤鯓砲臺）、安平古堡（荷西時期的熱蘭遮城）、1867 年創建的德記洋行、以及安平樹屋（原德記洋行倉庫）等。

　　根據台南市觀光局統計，每年造訪安平地區的遊客皆在 150 萬名以上。然而舊安平市區與巷弄並不寬敞，因此步行是最推薦的交通方式，除了可以悠閒體會古城風情，亦可一邊品嘗美食小吃，一邊欣賞安平夕陽。

攝影｜洪舜傑

攝影｜吳孟霖　　　　　　　　　　　　　攝影｜洪舜傑

夕遊出張所
別具意義的366盤彩色鹽

　　念起來有點拗口的名字，其實「夕遊」是「鹽」的日文發音（sio）；出張則是出差的意思。在日治時期這裡曾經是鹽業工廠，台南沿海從七股到安平都布滿鹽田，台灣光復之後改建成宿舍。擁有濃厚日本風格的建築，現在轉型為觀光產業，但仍保留許多古物。

　　走進門口便可看見掛滿許願牌的夫妻樹，以及三輪車。踏進建築物後，視線絕對離不開眼前 366 盤彩色鹽，整齊排列如山間梯田，卻又五彩繽紛。遊客可以依據自己的生日挑選獨一無二的鹽類，每種鹽都代表不同意思，也是伴手禮的最佳選擇之一。

　　除了欣賞以外，鹽也是日常飲食重要的調味料。在夕遊出張所，遊客們可以嘗到台灣獨家的鹽花霜淇淋，讓霜淇淋不單純只是甜膩口感。總共有 5 種口味（原味、咖哩、梅子、柴魚、香蒜），撒在霜淇淋上面的結晶鹽粒閃閃發亮，初嘗時候充滿鹹甜滋味，絕對讓你印象深刻。

　　夕遊出張所逛完之後，外面有個鹽神白沙灘，建議可以帶小朋友來這裡遊玩。這裡的白沙其實是一種粗鹽，附近也有沖洗的地方，不用擔心弄髒的問題。

億載金城（二鯤鯓砲臺）

台灣第一座西式砲臺

　　牡丹社事件（西元 1874 年）後，清朝派沈葆楨來台規畫並請法國人建造砲臺，二鯤鯓砲臺即是其中之一。這座砲臺是台灣第一座西式砲臺，入口城門上方有「億載金城」題字，因此也稱為億載金城；內部則題「固若金湯」，顯見其當時軍事的重要性。

　　但荒廢幾十年之後，砲臺已經看不清原貌；在百週年紀念時，台南市政府重新整修並仿製過去的大砲、小砲等要件，因此變得完整。在最後一次修建時又挖出部分遺跡，例如營房、彈藥庫等，現在採用玻璃罩保護。

　　作為軍事用途的砲臺，其建築體為方形，四周設有較高的稜堡。稜堡之間的牆壁採內凹形狀，方便讓槍兵狙擊已入城的敵人。一踏入城內的操練場便可感受到莊嚴的氣氛，看著上方羅列的大、小火砲也能想像當初發射大砲時的激烈場面；每逢假日，這裡會有穿著清朝官服的工作人員，表演當年施放火砲的過程，對於軍事武器有興趣的旅客絕對不能錯過。

　　砲臺周圍遺留當初設置的「護城河」，現在也可乘坐天鵝船，悠閒地環護城河，3 月份可以聞到淡淡的苦楝花香味，但必須小心旁邊一棵偌大的「掌葉蘋婆」，可能飄來異味。

攝影｜洪舜傑

安平老街
視覺、味覺、嗅覺的饗宴

大致上就是以安平路、安北路、平生路圍起來的區域。裡面古蹟眾多,上述提及的安平古堡、樹屋、以及夕遊出張所都是在這一帶;這裡也是美食集散地,步行於老街能同時擁有視覺、味覺、以及嗅覺的饗宴。

雖然無法邊走邊吃,但來到台南一定要品嘗國民美食—牛肉湯。位於古堡街 5 號的阿財牛肉湯 24 小時營業,可避免大排長龍的狀況。這裡的牛肉新鮮,是從善化等地直送,所以不用擔心品質不良的問題。準備在安平逗留一整天的話,可以先來品嘗一碗鮮甜的牛肉湯,補足體力。

安平古堡是老街最知名的景點,原為荷蘭人 1624 年所建的濱海堡壘,又稱為熱蘭遮城。明鄭以降的動亂幾乎讓原初城牆全毀,僅存外城南側的磚牆以及內城古井,現今所見的遺跡多半是明清與日治的重建物,包括糯米牆、海關宿舍等。2009 年成立的熱蘭遮城博物館存放鄰近古蹟模型與遺跡,看完之後相信會對課本所描述的歷史故事更加印象深刻吧!

特色小吃

牛五蔵-肉鍋x塩ホルモン
連鍋具也講究的溫體牛火鍋店,牛脂香甜不油膩。

⌂ 台南市安平區建平路577號
☎ 06-297-0709
🕐 11:00~24:00

王氏魚皮
品質與速度兼具的觀光熱店,圍繞虱目魚的豐富餐點

⌂ 台南市安平區安平路612號
☎ 06-228-8095
🕐 平日04:00~14:00
　　假日04:00~15:00

攝影|吳孟霖

漁光島
到最浪漫的月牙灣，踏浪玩水

又名「三鯤鯓」，過去南北兩側與陸地相連，現在則仰賴漁光大橋進出。因為島上 1.5 公里長的月牙灣曝光後，這裡躍升為熱門景點，吸引許多人前來衝浪與休憩。

在走到沙灘之前會先穿過一片木麻黃，林中闢有木棧道，由於範圍並不大，遊客可自由漫步也不必害怕迷路。穿過樹林後就會抵達最浪漫的月牙灣。

映入眼簾的會是最著名的地標——落日塔，就坐落在月牙灣的北側，是一名英國藝術家的作品，高達 37 公尺的竹架對應著漁光夕照，非常適合逛完安平老街後，前來沉澱整天累積的心情。不僅有情侶約會，海灘上也可看見親朋好友相約踏浪玩水，惟須注意海灘殘留許多殼類生物的外殼，赤腳行走時須小心，避免受傷。

離開海灘之後，漁光路上有一棟清水模的民宿，名為毛屋（毛院子），是日本建築師毛森江的作品。灰色外牆更顯沉靜的氣質，也帶來一種安心感受。

INFO

🚗（1）假日不建議開車前往。

（2）搭乘台鐵至台南車站，轉乘市區公車 2、10、14 號均有經過安平。

（3）搭乘台鐵至台南車站，轉乘觀光公車 88 號，於安平站下車再步行。

（4）假日延平街設有安平線假日公車，可輕易抵達老街附近熱門景點。

攝影｜洪舜傑

 旅人帶路

就連巷弄都充滿驚喜的歷史小鎮

　　充滿文化與歷史的安平老街，是我和父親最愛一起晚上散步、聊天與吃小吃的地方。安平離高雄約 1 小時的車程，有著與高雄截然不同的城市味道，繞著古老不算寬敞的街道，常常會在有點擁擠的人龍以及叫賣聲中發現一些新鮮驚喜。特別喜歡的是這裡總有古早的好滋味、雜貨零嘴，也有新鮮有趣小物，或是新潮好吃的小吃攤交錯在一起，是兼具文化又有美食饗宴的好地方。著名的店家如周氏蝦捲、阿財牛肉湯、東興蚵嗲、同記安平豆花、正合興蜜餞行等，一定要抽空品嘗看看。安平老街的好玩與魅力，就在於巷弄中還持續有更多的樂趣能量等著旅人發現，誠摯推薦給來到台南的朋友們。

旅人
介紹

戴宛宣

一個熱愛創造與企劃實驗的女生，喜歡閱讀、旅行、創造與藝術。喜愛讓平凡的事變有趣，安平對我來說是一個可以思考以及創造靈感的好地方，有傳統更有新鮮的元素，這裡彷彿是許多可能的交會點，如同我所嚮往的人生

安平でレトロモダンに憩う

安平 (アンピン)

　みなさんはきっと「タイワン」という地名は知っていらっしゃるでしょうけれど、「台湾」と名づけられた町はご存知ですか? 台灣 (Taiwan) という名は台湾で最も古い町「安平」が由来にとなっているのです。安平は古くは「大員」と呼ばれていました。これはオランダ統治時代にオランダ現地の言葉で"Tayouan"（来訪者）と呼んだことによるとも言われ、これが世界で初めて使われた台湾の呼び名だったのです。"Tayouan"は「台湾」の響きにいくらか似ています。

　今日はあなたをお連れして「台湾で最も古い町」安平にまいりましょう。台南市の安平区は台湾で最も早く開発された土地の一つであり、台湾で一番古い町です。

　安平はオランダ、明鄭、清朝、および日本などの統治を経ており、台南の他の地域と比べても、未だに様々な古い建物や異なる民間の習俗をたくさん残しています。たとえば安平剣獅、安平風獅爺や魔除けの刀剣屏です。

　ここは歴男と歴女におすすめの場所です。安平古堡と億載金城は観光客の人気トップの聖地巡礼地です。安平古堡は1624年に建設された台湾で最も古い城です。億載金城は台湾最初の西洋式砲台(清朝建設)です。その他のチェックポイントとして安平樹屋、安平老街、徳記洋行、東興洋行、夕遊出張所などがあります。安平は歴史的な背景を生かし、「古色」を強みに産業をめざましく発展させています。旅人はこの場所に来ると、新旧が混在するレトロモダンの雰囲気がもたらす、やすらぎを感じることができます。旧跡をめぐるのがお好きなら、安平を絶対見逃さないで下さいね。

アクセス

(1) 休日の車でのお出かけはおすすめしません。

(2) 台鉄に乗り、台南駅で下車、市区バス2、10、14号に乗り換え。どのバスも安平を経由します。

(3) 台鉄に乗り、台南駅で下車、観光バス88号に乗り換えて安平駅で下車後、徒歩。

(4) 休日の延平街には「安平線休日バス」があります。簡単に可老街附近のホットスポットにたどり着けます。

攝影│顏正裕

旗津

チ ー ジ ン

守護高雄港的小島

　　旗津島懸在高雄市西南側外海，與前鎮、小港區遙遙相對。位於南海的東沙與南沙群島也屬旗津管轄。島嶼南邊與台灣本島的過港隧道是台灣唯一的海底隧道。除此之外，島上設有旗津與中洲渡輪站，每天約有 160 班渡輪來回鼓山與前鎮，值得一提的是摩托車也可以搭乘渡輪。這裡是高雄市最早開發的區域，清朝便已開港通商，成為著名的商業區。島上的天后宮原建於 1673 年的「媽祖宮」，1887 年大規模整修後更名「天后宮」，目前是居民的信仰中心。舊名「旗後」或「旗后」，日治時期更名為旗津。海岸除了可見繁忙的高雄港以外，也能遠望港灣絕美的地平線。吹拂海風、大啖海鮮、戲水踏浪、以及欣賞夕陽能滿足你對夏天的嚮往。

攝影｜洪舜傑

攝影│洪舜傑

攝影｜洪舜傑

旗津老街
充滿各式小吃的熱鬧街道

　　從鼓山渡輪站啟航，大約 10 ～ 15 分鐘即可抵達這裡，紅色的旗津渡輪站搭配一年四季的艷陽更顯亮眼。走出渡輪站，面對廟前街就是旗津老街。廟前街擁有各地老街的特色──小吃雲集，自古以來也是商船貿易的聚集之地；但旗津老街還有一項全台少見的特色，那就是人力三輪車。由於過去此處巷弄狹窄，車輛進出不便，因此才以三輪車為主要代步工具。近年來則轉型為觀光用途，讓遊客體會過去的文化。

　　廟前街是這裡最熱鬧的街道，以海產為主，從島上另一端的中洲漁港新鮮直送，也有部分來自於前鎮或進口。以烤小卷最知名，烏魚子則是另一個漁村特色，產季來臨時甚至會在街上看見曬烏魚子的盛況。看著老街熙來攘往、品嘗道地海鮮、聞著鹹味海風，為你的旗津之旅揭開色香味的序幕。

攝影│洪舜傑

旗後砲臺
盡收高雄港的遼闊視野

　　經過天后宮之後,在第 2 條巷子右轉,直行便會看見旗後砲臺與燈塔。在這裡可以感受到歷史與軍事的氛圍,牡丹社事件之後,清朝指派沈葆楨等人到台灣協防海洋事務,並且在 1875 年建造台灣第一座結合中西風格的砲臺。雖然原址已遭到戰爭摧毀,但站在遺跡(包括砲臺、彈藥儲藏庫等)與高低不一的平臺間,遊客還是能夠想像當年此地防禦外侮的重要性。從砲台最高處可盡收高雄港的海平線,而視線的另一邊就是沙灘與整座小鎮。

　　在走上砲臺的反方向則是高雄燈塔,也是清朝時期所建造,純白的八角形磚造燈塔以及員工宿舍,讓人感覺身處地中海的希臘海岸。園區內種植一株鳳凰木,盛開時節的嫣紅讓這個地方顯得更燦爛。360 度環視高雄港,若是在黃昏時分來觀賞日落,也不遜色墾丁夕照喔。

炭烤小卷

木炭現烤燻出濃厚香氣，搭配獨特中藥醬料讓你愛不釋手。

⌂ 高雄市旗津區廟前路11號
🕐 11：00～賣完為止

不一樣赤肉羹

簡單樸實的古早味，赤肉酥脆不軟爛，完美結合南部口味偏甜的羹湯。

⌂ 高雄市旗津廟前路56號
📞 0929-369-631
🕐 平日11：00～19：00
　　假日11：00～20：00
　　（週三公休）

舢舨文化保存基地
歷史留下的珍貴痕跡

　　舢舨船曾是旗津人生活不可或缺的一部分，它乘載著當地居民的光榮與傷痕，歷史也可追溯到日治時期，高雄港曾經是各種船隻並行的海域，包括舢舨船、西式渡輪、中式帆筏等。民營的舢舨船是由船東自行攬客，以1趟10元的價格載運。曾經有25位年輕女性搭船到前鎮加工出口區工作時，因為意外沉船而罹難，後來的「勞動女性紀念公園」就是為了紀念這次事件而建的。

　　然而，隨著時代變遷，舢舨船在2009年走入歷史，2014年民間啟動搶救計畫，最後終於在2016年回到旗津與高雄愛河。對於再次造訪該地的遊客來說，參觀位於中洲的舢舨文化保存基地會是很好的選擇。海洋文化與旗津發展不可分割，基地的前身即是海軍技工宿舍，重新整修後成為老師傅們傳承手藝的場域。

攝影｜王珒媛

旗津貝殼館
寓教於樂的親子展館

　　參觀完舢舨文化保存基地，往旗津海岸公園前進一小段路，在遊客中心 2 樓可見旗津貝殼館。2010 年改建完畢之後變成東南亞最大的貝殼館，最重要的珍藏是由高雄市民黃葛亮捐獻，不僅有鎮館之寶「二枚貝」，據說是全世界最大的二枚貝，重達 70 多公斤，也有鸚鵡螺等超過 2000 種貝類；同時還有超過 200 種的螃蟹類。貝殼館裡面的藏品都有詳細的解說，是個值得帶小孩參觀，能夠寓教於樂的景點。

　　貝殼館沿著自行車道可以看見一枚大型珍珠貝，就矗立在海邊，彷彿能蒐集海浪的聲音。往右轉還有近兩年最盛行的婚紗拍攝地點──彩虹教堂。雖然是私人土地禁止商業用途，但並沒有限制遊客拍照。藍天白雲襯著鮮亮的幾何圖形，在海洋、陽光、以及人影的交疊之下，這裡足以讓你待上好幾個小時。最佳光線是上午時段，中午過後到黃昏會逐漸呈現逆光的情況。

INFO

（1）搭乘高雄捷運橘線至西子灣站（O1），從1號出口出站後，沿麗雄街步行左轉濱海一路，約8分鐘可抵達鼓山輪渡站。搭乘渡輪約15分鐘可到旗津。

（2）搭乘高雄輕軌至哈瑪星站（C14），沿濱海一路步行約10分鐘抵達鼓山輪渡站。搭乘渡輪約15分鐘可到旗津。

（3）假日不建議自行開車前往。平日可走國道一號，往南至末端下交流道，沿新生路直行並右轉中興路，經由過港隧道可接旗津一路。

攝影 | 洪舜傑

 旅人帶路

高雄港的燈塔 —— 獨特的沙洲之島

　　旗津的美會依照時間而變化，每次我造訪旗津的時候，總會發現新的面貌。

　　這裡的夕陽、海水、與沙灘滿足我升大二的暑假，在那個無法上網打卡的年代，回憶都鎖在相片裡面，卻能保存得更久。從旗津北邊往南走，是遊客的經典行程。

　　大學畢業後鮮少搭渡輪到老街，反而更常開車從南端的海底隧道造訪旗津，就像是認識它的另一面。海底隧道的秘密是擁有台灣最低點——海平面下方 14 公尺，也因為是唯一無法停留拍照的極點而更顯珍貴，每次經過只能帶走不到一秒的回憶。

　　多次造訪旗津之後，懂得慢慢欣賞它的美貌，也開始探索島上的巷弄。在島嶼中部有一間地點隱密的海產店——吉勝海產，大多顧客都是當地居民，鮮蚵、海瓜子、龍膽石斑都是相當知名的海鮮，即使特地驅車來品嚐都覺得值得。

　　直到現在，每次的旗津之旅都持續給我驚喜。

旅人介紹

顏正裕

在高雄長大，旗津是高中假日穿插的回憶。雖然在台北念大學，暑假曾經帶著北部的同學到旗津一日遊，波光粼粼的海水映照夕陽，是彼此共築的美好回憶。

「高雄港の灯台」唯一無二の砂州の島へ

　台湾も日本と同様、四方を海に囲まれている島です。船の航行、港口の出入りは日常のことで、おのずと、離島旅行の機会が多くなります。高雄港と外洋の間にある旗津島へ、お気に入りの自転車やバイクでフェリーに乗って出かけて見てください。きっと、特別な旅行になるはずです。

　旗津島はどうやって高雄港と外洋の間に出現したのでしょう。実は、もともとこの島は半島で、南側は台湾島と陸続きとなっていたのです。1967年（昭和42年）に、高雄港の第二港口を開発するため台湾島から切り離した結果、離島になりました。

　旗津輪渡駅で下船後、見逃せないのは、旗津天后宮、旗後燈塔、旗後砲台といった観光スポットです。旗津天后宮は高雄で初めて媽祖（道教における航海・漁業の守護神）を祀った廟で、1973年に創建されました。この廟は地域の発展を見守りつづけ、信仰の対象となっています。旗後燈塔はバロック調の灯台で、ここから高雄港の景色を一望することができます。旗後砲台は中国式の砲台で、砲台門に描かれた「威震天南」の文字は多くの観光客が撮影するホットスポットです。

　旗津のグルメといえば、ズバリ「海鮮」です。「万二」と「万三」は大人気の海鮮屋で、100元から味わえる海鮮に、食べ放題のご飯と、飲み放題がついてコスパにも満足できます。海を眺めながら食事を楽しみたいなら、屋台でのグルメ探索がおすすめです。

　最近、旗津海岸には新しい観光スポットができています。貝殻博物館、彩虹教会、星空トンネルなどがそれです。まさに、家族旅行に最適です。旗津は「高雄港の灯台」と称せられる通り、静かに行き交う船の安全を見守っています。高雄へお越しの際は、ぜひこの唯一無二の砂州の島をお忘れなく！

アクセス

(1) 高雄捷運橘線に乗り、西子灣駅（O1）で下車、一号出口から出て、麗雄街に沿って歩き、左に曲がって濱海一路を進み、約8分で鼓山輪渡駅に到着。フェリーに乗り換えて約15分で旗津に到着。

(2) 高雄ライトレールに乗り、哈瑪星駅（C14）で下車、濱海一路に沿って徒歩約10分で鼓山フェリー駅へ。フェリーで約15分で旗津に到着。

(3) 休日の車でのお出かけはおすすめしません。平日は国道一号で南に向かい、南端の道路に出て、新生路に沿って進み、右に曲がって中興路を進み、港を通るトンネルを過ぎると旗津一路につながります。

6

台南市
タイ ナン シー

スー ツァオ
四草綠色隧道

綠色樹蔭、生態之旅、台灣袖珍版亞馬遜

　　位於台南市安南區,過去這裡屬於台江內海,包括南邊的安平、北邊的七股連成一片,後來因為泥沙淤積形成海埔新生地而開始吸引居民開墾。

　　由於地處曾文溪、鹿耳門溪、鹽水溪、以及嘉南大排的匯流處,因此每年隨著季節變化會迎來不同種的鳥類,包括黑面琵鷺、高蹺鴴等。也有豐富的植物生態,例如四草綠色隧道就是以全台唯一聚集四種紅樹林的地方,包括海茄苳、水筆仔、五梨跤、欖李。

　　提到四草綠色隧道,一定會與「台灣版亞馬遜」畫上等號。遊客有兩種體驗台江內海的方式,一種是竹筏,全程大約 30 分鐘,船上也有導覽人員隨時替大家解說。舉目皆是綠色植物,紅樹林夾道歡迎的景觀,映著湖光與藍天,是非常讓人放鬆的行程。

攝影│洪舜傑

攝影｜余子悅

攝影｜洪舜傑

台江觀光船，看見歷史的流域

　　第二種則是乘坐台江觀光船，航程約 70 分鐘，惟須注意的是觀光船並未行駛綠色隧道，而是沿著台江水道前往四草湖、安平、一直到鹽水溪才折返。主要景點包括台江濕地生態、四草湖中湖、水上森林等，偶爾也可見白鷺鷥。

　　沿著河道會經過四草大眾廟，舊稱鎮海廟，創建時間有康熙（西元 1700 年）與嘉慶（西元 1801 年）兩種說法，廟裡主要供奉鎮海元帥。目前是安南區的三大主廟之一，每年農曆 11 月 15 日為鎮海元帥壽誕。在大眾廟的後方有一處骨骸塚，相傳是當年荷蘭人與渡海來台的明鄭在此地交戰。

　　從綠色隧道還可發現釐金局遺址，這是清代竹筏港船隻課稅的地方，於1886 年設置，繳納的稅金作為疏濬費用。後來曾文溪氾濫導致港口淤積，烏山頭水庫完成後失去水源，竹筏港停止通行。綠色隧道的竹筏會在此地折返。

　　若是搭乘台江觀光船，則會看見台江遊客中心矗立在遠方，其屋頂仿製鹽田的造型，配合地形建成高腳屋建築，純白顏色在陽光下相當耀眼。因為高鹽分的海水使得此地無法發展農業，漁業及鹽業成為當地居民的首選。台江內海曾經是台灣製鹽的起源，過去的安順鹽田就在四草大眾廟附近，也是日治時期設備最先進的鹽場之一；另一個鹽場則在七股。自從 1997 年後就已經停止曬鹽工作，但安順鹽田被劃進台江國家公園，讓遊客們體驗製鹽文化。

特色餐廳

椰庭景觀餐廳

從海鮮到甜點都捨不得放手的餐廳，好吃又好玩度過愉快午餐時光。

⌂ 台南市安南區四草大道261號

☎ 06-284-0988

🕐 平日11：00～17：00

　　假日11：00～20：00

　　（週二公休）

田媽媽台江美食棧

新鮮的在地美食，難以忘懷的味道。

⌂ 台南市安南區大眾路360-6號

☎ 06-284-2427

🕐 10：00～20：00

　　（週二公休）

攝影｜洪舜傑

INFO

🚌 （1）搭乘高鐵至台南站，轉乘台鐵沙崙線到台南車站。出站後搭乘市區2號公車至四草站下車。

　　（2）搭乘台鐵至台南車站，出站後可轉乘台灣好行99台江線至四草大橋站／四草生態文化園區（大眾廟）站。

　　（3）自行開車可從國道一號或三號，轉往國道八號或台86線往西濱快速道路，沿著四草指標。

攝影｜陳容凰

 旅人帶路

搭乘膠筏，體驗南台灣別具一格的水上綠色隧道

　　國際型濕地曾文溪口濕地是國中地理課本必定介紹的景點。我當初看著課本，幻想未來有一天要來看看，親臨現場後果然不讓我失望。隱密處甚至有賞鳥中心，在不打擾候鳥的情況下，使用望遠鏡近距離觀察他們，看著他們悠閒地在河口閒晃、捕魚，不知不覺就過了一個下午。

　　四草隧道近年來成為許多觀光客造訪的景點，一開始我並不知道這個地方，發現這裡距離台江遊客中心與台江國家公園不過幾分鐘的路程，於是好奇跟著搭船出發。除此之外，船長相當有趣，一邊介紹眼前的植物、一邊請我們閃避低矮的樹枝，我們也在短短的航程當中認識周遭的植物與生態。結束後前往不遠處的觀夕平台，欣賞斑斕的夕陽，夜幕低垂後逛逛台南夜市，為旅行畫下完美句點。

　　有時候平凡的景點就有最美的風景。台南，真的是一個好棒的城市呀！

旅人介紹

余子悅

從高中的環島旅行後，所有台灣裡面最喜歡的都市就是台南，不知道為何從第一次來過就深深喜歡上這裡的陽光、人情、美食，所以也迫不及待地想把這裡介紹給大家！

いかだ舟で緑のトンネルを行く

　台南市は台湾島で最も歴史のある都市の一つです。古跡とグルメが観光を発展させ、観光客に愛されてきました。中には台南四草の緑のトンネルのように、ここ数年人気急上昇のスポットもあります。

　到着すると、二つの異なるツアーが用意されています。一つは台江観光船ツアー、もう一つは緑のトンネルツアーです。台江観光船ツアーでは、種類豊富なエビやカニ、鳥類の生態に触れることができます。「台湾のバックヤード」と称される台江国家公園の観覧時間は30分ほどで、時間もゆったりとしています。

　一方の、深い緑の川の上を進む緑のトンネルツアーは、私たちを神秘的な雰囲気に満たしてくれます。カウンターでチケットを購入し、河口に停泊しているいかだ舟に乗りこむと、ガイドが始まります。台湾に原生する鳥類と湿地の生態が紹介され、ガイドの笑い話の中から四草の歴史や文化を知ることができます。緑のトンネルツアーは30分ほどの短いツアーで、短時間コースを楽しみたい人にぴったりです。下船後も近くの台江国家公園案内センターを巡り、美しい水上の高床の建物と現地の雰囲気を味わえる商店が並んでいて、存分に楽しめる場所です。

アクセス

(1) 高鉄に乗り、台南駅で下車、台鉄沙崙線に乗り換えて台南駅へ。下車後市区2号バスに乗り、「四草駅」で下車。

(2) 台鉄に乗り、台南駅で下車、台湾好行99台江線に乗り換えて「四草大橋駅／四草生態文化園区（大衆廟）駅」へ。

(3) サイクリングは国道一号または三号で。国道八号または台86線に入り、西濱快速道路へ。四草の目印に沿って進みます。

21

台南市

ホァユエンイエシー

花園夜市

後起之秀的巨大規模夜市

タイナンシー

「大大武花大武花」這是逛台南夜市的口訣。一、二、五是大東夜市，三、六是武聖夜市，四、六、日是花園夜市。其中，武聖是最悠久的夜市，花園是最大也是最受當地人和遊客歡迎的夜市。花園夜市有近 400 個攤位，分為美食小吃、流行服飾、百貨、休閒娛樂等 4 大區域，可以讓你吃喝玩樂所有願望一次滿足，不論是觀光客或在地人都喜歡逛花園夜市。其中人潮最洶湧的就是香味撲鼻、選擇眾多的的小吃區，不僅有台南道地的小吃，還有各式異國風味的料理，可說是美食愛好者的樂園。

攝影｜洪舜傑

花園夜市小吃上百攤，光是看招牌就看得眼花撩亂。這裡介紹比較受歡迎的幾樣，當然其他有興趣的都可嘗試看看。天玥胡椒餅外皮酥脆有滿滿的肉汁及濃厚的胡椒香，招牌三星蔥咬下去香味四溢，趁熱吃最讚。脆皮燒肉，白洋蔥很清甜，五花肉的皮烤得很脆。土窯雞腿很入味，還很 juicy，連蒜頭吃起來都像馬鈴薯一般綿密。滷味適合配著台啤享用，二師兄滷味，總是大排長龍，可以看到一鍋鍋正在煮的滷味，有中藥香味，醬汁濃郁，口感鹹鹹甜甜，選擇眾多，而滷雞腳肯定不能錯過。早期麵攤會將滷味放置於木櫥，現今木櫥滷味常見於各大夜市，不僅充滿古老台灣的懷舊風格，而且口味清爽又好吃，外國觀光客肯定非試不可。

好吃、好喝又好玩，一應俱全

吃飽後，也別急著走，一起去看看雜貨買買衣服玩玩遊戲，消化一下食物。衣物是從頭到腳由內而外，大人、小孩、寵物，一應俱全，雜貨有手機殼、貼紙、飾品、口罩、安全帽，應有盡有。經過遊戲攤位，可看到許多超大娃娃，如果玩心大起，不妨試試你的手氣，麻將賓果、BB 槍射水球、吹乒乓球、立錢幣、古早味打彈珠抽香腸，不管是大朋友還是小朋友，相信都能玩得不亦樂乎。

這麼一大圈逛完又餓了吧！就算不餓，甜點有另一個胃可以裝，也可外帶回旅館品嘗。道地甜點在地人推薦地瓜球和拔絲地瓜，飲料推薦冬瓜茶、白甘蔗汁。

攝影｜洪舜傑

攝影｜洪舜傑

另外，再來點阿美的甘草芭樂助消化解油膩。以上才是道地的台南夜市玩法。

　　※ 溫馨提醒：如果是台灣友人陪你逛夜市，他們一定會很熱情推薦許多小吃，要是真的吃不下，千萬不要不好意思拒絕喔！

特色小吃

二師兄滷味

一口接一口不可錯過的好滋味！好吃得連手指上的醬汁都不願放過。

⌂ 台南市北區海安路三段533號

☏ 06-2890792
　0988-007-007

🕐 每週四、六、日17：00～00：00

天玥胡椒餅

招牌三星蔥非吃不可，會牽絲的起司薯餅更是不能錯過。

⌂ 台南市北區海安路三段533號

☏ 0989-350917

🕐 每週四、六、日17：00～00：00

INFO

🚌（1）搭乘台鐵至台南車站，出站後至公車北站轉乘「0左」路公車，於臨安海安路口站下車，往回走左轉海安路，步行約10分鐘即可抵達。

　　（2）搭乘台鐵至台南車站，出站後轉乘3路公車（往海東國小），於特力屋、好市多站下車，沿文賢路往回走，左轉和緯路步行約10分鐘可抵達。

攝影｜洪舜傑

 旅人帶路

準備好你的胃就出發吧！

　　炎炎夏日的週末午間，全家人要用午餐，可能會到百貨公司的美食街，吃飽後逛逛吹個冷氣。而週末晚上，適合全家人覓食的好去處就是夜市。天氣轉涼，胃口大開，三五好友一邀，也是朝夜市邁進。去夜市最主要的目的就是吃，而花園夜市的魅力就是選擇眾多，無論是臺南在地小吃或異國料理統統都有。老實說，每個人口味不同，熱門排隊美食只是參考用，可以多方嘗試。逛花園夜市通常可分為 3 種覓食戰略（美食區在最後），一、由始至終──從第一條逛到最後一條，再決定吃什麼； 二、以終為始──先吃想吃的，飽餐一頓後再慢慢逛到第一條，順便消化；三、從一而終──只想吃花園夜市某一攤的小吃，衝去吃或外帶後就走人，毫不停留，通常是在地人才會做的。你又是那一種呢？

 旅人介紹

吳佳芬

土生土長的台南人，喜歡在大街小巷穿梭，尋找美食。在外求學工作時，最想念的是台南的家鄉味及人情味。

台南の夜市の数え歌──大大武花大武花

　「大大武花大武花」は、ここ台南夜市を巡る時の数え歌です。一、二、五は五是大東夜市、三、六は武聖夜市、四、六、日は花園夜市。この中の武聖は悠久の夜市であり、花園夜市は最も大きく、現地の人、旅行客に人気のある夜市です。花園夜市には400軒もの店が並び、グルメ、ファッション、百貨、レジャーなどの4大区域に分かれており、飲食、娯楽全ての願いを満たしてくれる、旅行客のみならず現地の人も楽しめる場所です。その中でも最も目を引き、人を惹きつけるのは、種類が豊富な料理です。台南の料理だけでなく、多国籍料理もあり、グルメ愛好家にとっての楽園と言えます。

　花園夜市はたくさんの屋台がひしめき、見ているだけでも目がくらむほどです。天玥胡椒餅は外皮がパリッとしていて、たっぷりの肉汁と豊かな胡椒の香りが特徴です。熱いうちに食べるのがおすすめです。脆皮燒肉は、甘い玉ねぎを付け合せにし、皮をカリッと仕上げた五花肉（豚のばら肉）の料理です。土窯雞腿は味がよくしみこんでいて、とってもジューシーで、にんにくもジャガイモのようにホクホクです。煮込みの味は台湾ビールにぴったりです。二師兄滷味はいつも大行列で、煮込んでいる鍋を見ながら、薬膳の味や濃い醤油味、甘辛味などたくさんの味から選ぶことができます。木樨滷味は懐かしい味の、昔からある煮込み料理の入った麺のお店で、味がさっぱりしています。

　お腹が満たされたら、急がず、いっしょに雑貨や洋服を見たり、ゲームで遊んだりしながら消化しましょう。衣服は頭から足まで、大人から子ども、ペットのものまですべてあります。スマートフォンケースにステッカー、アクセサリーにマスク、ヘルメットなど、あらゆるものがあります。ゲームの露店を過ぎると、たくさんの巨大な人形が目に飛び込んできます。もし遊びたくなったら、運試しをしてみましょう。たとえば、麻雀ビンゴ、BB弾射的、ピンポン玉ゲーム、コイン立てゲーム、昔ながらの遊びなら、ソーセージマシン（パチンコ玉ゲーム）で子どもたちとも一緒に楽しめます。

　こんなに広い場所で遊んでいたら、またお腹が空いてしまいますね。お腹が空いてなくても、甘いものは別腹でしょう。ホテルに持ち帰って食べるのはどうですか? ご当地スイーツとしておすすめなのが地瓜球（お芋ボール）と拔絲地瓜（大学芋）です。飲み物は、冬瓜茶（とうがん茶）、白甘蔗汁（さとうきびジュース）がおすすめです。その他にも、阿美の甘草芭樂（グアバ）は油の消化を助けてくれますよ。以上が台南夜市の楽しみ方です。

＊ご案内：もし台湾の友だちに夜市につきあってもらうのがベストです。きっとたくさんの絶品グルメをすすめてくれるはずです。もし食べきれなかったら、遠慮せずことわってくださいね!

撮影｜洪舜傑

(アクセス)

(1) 台鉄に乗り、台南駅で下車、バスターミナル北駅で「0左」路バスに乗り換え、「臨安海安路口駅」で下車、海安路を少し引き返し、左に曲がり、徒歩約10分で到着。

(2) 台鉄に乗り、台南駅で下車、3路バス（海東国小行き）に乗り換えて「特力屋、好市多駅」で下車、文賢路を引き返して左折し和緯路に入り、徒歩約10分で到着。

28

台南市
タイ ナン シー

グ オ ホォ ア ジ エ　　ジョンシンジエ

國華街與正興街

準備好空肚子，保證讓你從頭吃到尾的兩條街

　　來到台南，走過、路過卻不可錯過的就是「小吃」。小吃何處可尋呢？夜晚在夜市，白天在巷弄或菜市場。而國華街就是巷弄和菜市場的所在，也是老台南人及在地人的古早回憶，近年來，更成為觀光客造訪台南的必訪口袋名單。台南人的口味偏甜，有一說是以前有錢人才會吃得起糖，因此吃糖是有錢人的象徵；還有一說是台南以前有糖廠，糖方便取得。所以這邊的味道甜甜鹹鹹，應該很適合日本人的味蕾。

攝影｜洪舜傑

經典美味，不可錯過的小吃

以下介紹幾道排隊美食：

「邱家的小卷米粉」不同於台式的炒米粉，這裡的米粉是粗米粉，有點透明，帶點Q度，配上新鮮的小卷，鮮美的湯頭，配料簡單，但很美味。

「金得春捲」這裡的春捲不是中華料理的炸春捲，而是台灣俗稱的「潤餅」，亦是清明掃墓節時，很多人會排上1、2個小時去買的傳統食物。潤餅皮的製作是高筋麵粉加水及蛋白和在一起，一手抓著麵團，在大鐵板上勻上薄薄一層麵糊，熟了用另一手撕起來，就是一張潤餅皮，看似簡單，其實很需要功夫。至於餡料就有很多選擇。高麗菜、紅蘿蔔要先川燙過再炒一下調味，還有蝦仁、蛋絲、豆乾、豬肉、皇帝豆和香菜。潤餅皮先灑上花生糖粉，避免濕潤及增加風味，再鋪上滿滿的蔬菜及餡料，捲起來再煎一下，美味的潤餅完成。

「阿松割包」刈包，有人稱之為「台式漢堡」，傳統說法又稱為「虎咬豬」，就像老虎嘴巴咬著豬肉。皮有包子的軟嫩但又帶點厚度，有些人甚至只喜歡吃皮。內餡是滷得入味的豬五花肉（有點類似日式拉麵的厚叉燒），可選擇半肥半瘦，或全瘦肉，也有豬舌，還要加上酸菜跟台式醃白蘿蔔片，再淋上甜甜的花生醬汁，有機會一定要試試看。

攝影｜洪舜傑

攝影｜陳容凰

限定甜點，每一口都是驚喜

　　吃完鹹食，當然要滿足另一個甜點胃。「修安扁擔豆花」的紅豆豆漿豆花，是傳統的好滋味。純薏仁的紅薏仁茶有濃濃的薏仁香，白玉紅豆薏仁是台式及日式的完美結合，薏仁還有養顏美容的功效。想來點清爽的，「佛都愛玉」是首選，阿里山的野生愛玉碰上酸甜的桂花鳳梨醬，更是絕配。另外，喜愛波霸奶茶的朋友，不妨試試「央米」的波霸蜂蜜紅豆餅。

　　來到正興街，若你是冰淇淋愛好者，絕不能錯過蜷尾家冰淇淋，每日限定一種口味，每次去都是驚喜，例如有芒果、鐵觀音。附近另一家「泰成水果行」也是排隊人氣老店，半顆哈密瓜擺上酸酸甜甜的義式水果冰淇淋球或新鮮水果，夏日沁涼消暑。最後，再來一杯「布萊恩紅茶」的招牌－魚池日月潭紅茶，做為此趟旅程的 Happy Ending 吧！

特色小吃

松村煙燻魯味
鹹香涮嘴的煙燻滷味，非常適合當下酒菜。

🏠 700台南市中西區民族路二段319號
📞 06-229-6398
🕐 週二至週日11：00～21：00
　（週一公休）

連得堂餅家
百年手工製法，非吃不可的手工煎餅。

🏠 704台南市北區崇安街54號
📞 06-225-8429
🕐 週一至週五8：00～20：00
　週六8：00～18：00
　週日8：00～14：00

攝影｜洪舜傑

INFO

🚌 搭乘台鐵至台南車站，出站後於公車南站轉乘興南客運藍幹線，於小西門站下車，沿府前路步行，經過西門路即可看到國華街。

攝影｜陳容凰

 旅人帶路

讓我們一起一路吃遍這裡的排隊美食吧！

　　來國華街最主要就是吃小吃，以前在外讀書時，回到臺南，就會想吃小卷米粉，在北部似乎沒見過。平常日傍晚太晚去，有可能賣光。週末下午，排隊的人潮也很可觀。早餐想要吃飽一點就會選擇刈包、春捲或碗粿，這 3 間在國華街三段，也就是比較路尾一點，因為剛好很近，吃了其中一個，可能就很飽了，身為臺南人的好處，可以下次再造訪。而正興街，算是近幾年的後起之秀，有老臺南的樸實巷弄，也有日式風格的木造建築，更有新興的文創文青風，大受年輕人及觀光客歡迎，這邊當然有很多點心鹹的甜的可選擇。如果要在炎炎夏日來個冰淇淋或水果冰，良心建議，請盡量避開週末下午，不然就早點來，否則就要做好在大太陽下耐心排隊的心理準備。

 旅人介紹

吳佳芬

土生土長的台南人，喜歡在大街小巷穿梭，尋找美食。在外求學工作時，最想念的是台南的家鄉味及人情味。

甘党の台南ならではの小吃を味わう

　　台南で見逃せないのは「小吃」（軽食）のお店です。ではこの「小吃」をどこに食べに行ったら良いでしょう？ 夜なら夜市で、昼間なら小路やそうざい売り場で探しましょう。この国華街（グオホォアジエ）の小路やそうざい売り場は台南の人びとにとって思い出のつまった場所でもあります。近年は観光客が台南で必ず訪れるリストに入っています。

　　台南の人たちは甘党です。その理由には、かつてお金持ちしか砂糖を口にできなかったので、砂糖を食することはお金持ちの象徴だから、という説と、台南に砂糖工場があったので、簡単に手に入れることができたからという説があります。そのせいか、この辺りで味わうものはみな甘辛なものが多いです。きっとあなたの口にも合うのではないでしょうか。

　　以下、いくつか行列店を紹介します。

　　《邱家的小巻米粉（イカ入りミーフンスープ）》

　　台湾風の炒米粉（炒ったもの）とは異なり、粗米粉（粉が粗いもの）を使用しています。少し透明で、歯ごたえがあり、新鮮なイカとの組み合わせがよく、スープは調味料がシンプルながらとても美味です。

　　《金得春捲》

　　こちらの春巻きはいわゆる中華料理の揚げ春巻きではなく、台湾で言うところの「潤餅」と呼ばれるものです。これもまた清明節のお墓参りの時に多くの人が1、2時間は並んで買う伝統的な食べ物です。潤餅の皮は、強力粉に卵の白身をまぜ、手でひとつかみしたものを鉄板の上に薄く広げ、熱が通ったところでもう一方の手で鉄板からはがして出来上がります。一見すると簡単そうですが、なかなか技術のいるものです。具は種類が豊富で、高麗菜（キャベツ）、豆乾、豚肉、皇帝豆（リマ豆）と香草（パクチー）などです。潤餅の皮にピーナッツ粉をかけ、湿り気をなくすと風味が増します。そこにたくさんの野菜や餡を載せて巻いてから焼くと、おいしい「潤餅」の出来上がりです。

　　《阿松刈包》

　　刈包、または「台湾風ハンバーガー」と言う人もいます。伝統的には「虎咬豬（「トラが豚を咬む」の意）」とも呼ばれています。パンはやわらかく、かつ厚みがあるので、この皮だけを好んで食べる人もいます。パンには醬油味の豬五花肉（豚の角煮、日本のラーメンに入れるチャーシューのようなもの）を挟むのですが、半肥半瘦（バンフェイバンショウ）（脂身半分）または、全瘦肉（脂身なし）、または豚の舌などから選ぶことがで

きます。さらに酸菜（スワンツアイ）（酸味のある白菜）や台湾風の醃白蘿蔔片（日本のべったらづけのようなもの）などを加え、甘いピーナッツソースをかけていただきます。ぜひご賞味ください。

　食事を終えていても、甘い物は別腹です。《修安扁擔豆花》の紅豆豆漿豆豆には伝統的な味わいがあります。純薏仁（ハトムギ）から作られた紅薏仁茶（紅ハトムギ茶）は濃厚なハトムギの香りがし、白玉紅豆薏仁には台湾と日本の味が完全に融合した味わいがあります。ハトムギには美容効果もありますね。さっぱりとしたスイーツをお望みでしたら、《佛都愛玉（オーギョーチー）》が最もおすすめです。阿里山の野生の愛玉（オーギョーチー）がジャスミン、パイナップルソースと混ざり合い、絶妙な味わいです。他にも波霸奶茶（タピオカミルクティー）が好きな方には《央米》の波霸蜂蜜紅豆餅（タピオカのおやき）がおすすめです。

　正興街では、アイスクリームが好きな方はぜひ、蜷尾家の冰淇淋（アイスクリーム）を味わってください。毎日限定のアイスがあり、行くたびに驚きがあります。マンゴーや鉄観音のアイスも登場します。その近くの《泰成水果行》も大人気の行列ができる老舗店です。半分に切ったメロンの上に甘酸っぱい果物や果物のアイスクリームが飾り付けられ、暑さを和らげてくれます。最後は《布萊恩紅茶》（ブライアンティー）の看板メニュー、魚池日月潭紅茶を飲んで、このツアーのハッピーエンドを迎えましょう。

　アクセス

台鉄に乗り、台南駅で下車、バスターミナル南駅で興南客運「藍幹線」に乗り換え、「小西門駅」で下車、府前路に沿って歩き、西門路を過ぎると前面に国華街が広がります。

164

8

高雄市

<ruby>西子灣<rt>シーズワン</rt></ruby>

西子灣

離市區最近的觀海美地

　　黃昏時分，夕陽西下，正是西子灣最美麗動人的時刻。橙黃夾帶點粉色的天空，海面上波浪徐徐晃動著，夕陽金黃色光芒照耀閃爍，船隻正鳴笛入港，海堤延伸到海中央，形成一幅美不勝收的畫。

　　說到賞夕陽最佳之處肯定非西子灣莫屬，總是有許多戀人、家人、好友一起相約在此，聊天散步、吹海風、看船隻入港，等待太陽落幕，跨年時各台新聞更有最新情報，告訴你什麼時刻才是最佳時機，告別今年最後一抹夕陽。溫暖陽光、海風輕拂，如此浪漫，天時地利人和，更成為曖昧男女晉升成為戀人的告白聖地。

攝影｜洪舜傑

到中山大學去，散步嘗美食

　　西子灣位於高雄市區西側，壽山（俗稱柴山）西南端山腳下，南方為旗津半島。距離市中心約 15 ～ 20 分鐘車程，可搭公車、捷運及輕軌，交通十分便利，而中山大學就坐落於西子灣風景區內。中山大學內除了有海水浴場、蔣公紀念館、西子灣沙灘會館（提供飲食及住宿）外，還有一條西子灣隧道，日治時期曾當為防空洞使用，現為中山大學與哈瑪星的步行通道，而隧道口距離哈瑪星渡船站步行約 6 分鐘，附近許多商家美食，最有名的是旅客必吃的海之冰，特色正是超級大碗的大碗公冰，而渡船口前的阿婆雞蛋酥也在此屹立不搖多年，享受美味饗宴之後，建議可以搭船前往旗津繼續下段旅程。

特色小吃

渡船頭海之冰

尚大碗的冰，牆上簽名留念到此一遊。

⌂ 高雄市鼓山區濱海一路76號

☎ 07-5513773

🕐 11：00～23：00
　（週一公休）

蘇阿嬤雞蛋酥

銅板價的古早味，非常好吃。

⌂ 高雄市鼓山區濱海一路96號

☎ 0955-972-771

🕐 週一至週五14：00～21：00
　週末13：00～21：00

攝影｜張琬菁

攝影｜王瑈媛

尋找世外桃源，來點小探險

「猴子、狗、鸚鵡」為中山大學三寶，若來到此，別忘了注意看看你的身邊，是否有貴客來訪。想要親眼目睹台灣獼猴的遊客們，建議前往中山大學山上文學院方向，但因校內獼猴較兇悍且會搶食，手上記得別提食物喔！沿著山上文學院方向往山裡進去，有許多景觀餐廳及隱藏版咖啡廳，不少外地旅客還會特地去山裡尋寶，尋找傳說中的世外桃源「小自然」、「大自然」，適合愛探險的你一探究竟。

西子灣周邊除了位於西子灣海堤處，可見旗津半島矗立於高處的旗后燈塔外，往高處望去更有歷史濃厚的打狗英國領事館山上官邸，可由登山步道或階梯往上進入，除了官邸外還有咖啡廳能一邊享受山海交錯的美景，尤其是夜晚，不管由海堤處遠望或由高處眺望，都是一絕美景，山下園區內更有各樣歷史情境模仿的雕像及解說，帶大家了解歷史彷彿回到古老的時光。

攝影｜洪舜傑

INFO

🚌（1）搭乘台鐵至高雄車站，出站後轉乘99、248號公車，於港務公司站下車，穿越隧道即可進入
中山大學校園，沿指標前往西子灣。

（2）搭乘高鐵至左營站，出站後往台鐵新左營站方向轉乘E05西城快線公車，於終點站中山大學
行政大樓站下車，再步行前往西子灣。

（3）搭乘高雄捷運橘線至西子灣站（O1），於1號出口轉乘99號公車，在海水浴場站下車。

（4）搭乘高雄捷運橘線至西子灣站（O1），於1號出口轉乘橘1C公車，到中山大學行政大樓站
下車，步行前往西子灣。

攝影｜洪舜傑

 旅人帶路

依山傍海的浪漫

　　一杯珍奶加一塊廟口林媽媽雞排，這是大學時必買的消夜，拎著美食走到海堤邊，小跑步衝刺爬到海堤上，三五好友開始聊天談心，或許是課業壓力、社團趣事，又或許是少男少女的戀愛心聲，看著月亮吹著海風，時間彷彿停在最美的那一刻，即使經過多年，那份美好仍在心中。

　　「哇！剛剛看到一群人排了愛心蠟燭要告白耶。」在得天獨厚、依山傍海，美麗的中山大學裡，浪漫的事情好像也特別多，總是聽聞或親眼見證各式招數，只為了擄獲心上人，說出一句「我願意」。

　　若有煩心的事，那就去西子灣走走吧！海風能吹走你的不快，放空能讓你心情放鬆，一起來感受浪漫，暫時放過自己吧！

旅人介紹

郭怡青
度過4年山海陪伴的日子，西子灣是我的灶咖，至今還是三不五時往那跑，享受最熟悉的浪漫。大海、海風、海堤，是我最依戀的地方。

山を背に砂浜で波に遊ぶ

　黄昏の、夕陽が西に沈む時こそ、西子湾が最も美しく人の胸を打つ時間です。オレンジ色の空が紅色を帯び、波が揺れ動くと、夕陽の黄金色の光線がきらめき、船が汽笛を鳴らして港へと帰っていきます。堤防は海の中ほどまでのび、まるで希少な一枚の美しい絵を観ているかのようです。

　西子湾は高雄市の西側に位置しており、市街地からの距離は車で15～20分ほどです。バス、捷運、ライトレールのいずれでも行くことができ、交通が便利です。西子湾はまた、寿山（柴山）の南西側の麓に位置していることから、南側は旗津半島となっており、西子湾の堤防から旗後山にそびえ立つ旗後灯台を見ることができます。この西子湾風景区の中に中山大学があります。

　西子湾風景区には、海水浴場、蒋介石の記念館、西子湾海浜会館（宿泊施設）などの施設以外に西子湾トンネルがあります。第二次世界大戦中にここは防空壕として利用されました。現在は中山大学と哈瑪星とを結ぶ重要な交通ルートです。中山大学には「三寶」と呼ばれる「サル、イヌ、オウム」がいます。ここでは周囲に十分注意してください。もし直接台湾ザルを見たいなら、中山大学文学院の方から見るのをおすすめします。構内のサルは凶暴なので、食べ物を持ち歩かないようにしてくださいね！

アクセス

(1) 台鉄に乗り、高雄駅で下車、99、248号バスに乗り、「港務公司駅」下車で下車、トンネルを通ると中山大学園に到着、目印に従って西子湾へ。

(2) 高鉄に乗り、左営駅で下車、「台鉄新左営駅」に向かい、「E05西城快線」バスに乗り換え、終電駅「中山大學行政大楼駅」で下車，徒歩で西子湾へ。

(3) 高雄捷運橘線に乗り、西子灣駅（O1）へ。一号出口から出て99号バスに乗り、「海水浴場駅」で下車。

(4) 高雄捷運橘線に乗り、西子湾駅（O1）で下車、一号出口を出て「橘1Cバス」に乗り、「中山大学行政大楼駅」で下車、徒歩で西子湾へ。

駁二藝術特區
ボー　アー　イ　シュ　タ　チュ

幾百遍都玩不膩的藝世界

　　駁二藝術特區是個你絕對要來超過 5 次的地方，因為這裡擁有最多樣化的交通工具且緊鄰海邊，它用不同的景觀迎接每位遊客，捷運與公車是常見的大眾運輸、環狀輕軌跟腳踏車讓你飽覽高雄港、搭上雙層巴士俯瞰街景是省力的選擇。最特別的是，哈瑪星駁二線的蒸汽小火車是鐵道迷不能錯過的懷舊記憶，而駁二位於早期繁華的鹽埕區，更有許多懷舊美食值得您一探究竟。

　　進入駁二之後，首先你一定會被這一個個矗立的舊倉庫吸引，廢棄的倉庫竟搖身一變，成為文青拍照打卡的潮流景點，令人讚嘆稱奇。整個駁二特區可分為大義區、大勇區、蓬萊區 3 個展區，除了靜態的藝術特展以外還有電影院、書局、餐廳，你也能感受動態的駁二氣息，包括設計節、大港開唱、電影節等。融合高雄幾十年來的重工業形象，駁二藝術特區也設立勞工博物館與鋼雕藝術展，讓更多觀光客了解在地歷史與文化。

攝影｜洪舜傑

攝影｜顏正裕

Pacini gelati e dolci 派奇尼 義式冰淇淋

結合創意食材，不定期推出新口味。

🏠 高雄市鹽埕區大義街2-2號
（大義倉庫）

📞 07-5212201

🕐 平日13：00～19：00
週末12：00～19：00
（週二公休）

餐車-奶泰香

假日限定泰奶，袋裝的紅泰奶與綠泰奶，好喝又好拍。

🏠 高雄市鹽埕區大勇路33號

🕐 週六、日10：30～17：00

彩繪藝術詮釋在地精神

漫步在駁二特區裡，每走個三五步總是能遇見好似農夫的彩繪雕像，其實這代表著「工人」及「漁婦」，意味著高雄市是一個工業及海洋城市，而雕像沒有正面，兩面都是背面，這呈現埋頭苦幹、默默耕耘的社會底層，下次來到駁二特區，別忘了跟高雄代表性的人物們拍張照留念喔！

整個駁二藝術特區面積廣大，建議可由靠近愛河方向的大義倉庫逛起，而一旁的大義公園裡藏著特別的景點——椅子樂譜，是由一堆木椅子排成的圓弧狀高大矗立的藝術品，是熱門的打卡景點，此外，大義區裡還藏著可愛的尿尿小童及多家美味餐廳，等待你的發掘。

而大勇區最特別的必拍景點即是 3D 立體彩繪及變形金剛雕像，此區也是電影院、書局、手作市集及旅客諮詢中心所在地。

攝影｜洪舜傑

171

攝影｜洪舜傑

攝影｜顏正裕

打卡拍照，親子出遊的好去處

　　想搭蒸氣小火車的大朋友、小朋友們，來這裡就對了。蓬萊區除了有懷舊小火車及各式各樣小吃攤販外，倉庫旁的鐵路公園近西子灣捷運站及輕軌西子灣站，不僅交通方便，還設有哈瑪星鐵道故事館，更是親子出遊及溜寵物的好去處。每到假日總是充滿著放風箏、吹泡泡、就地野餐休息的旅客們，從蓬萊倉庫往靠海的方向走去，便是近日最熱門的打卡景點──棧貳庫，裡頭更有多家餐廳及文創商品，還能在此處買票搭船前往旗津。

　　你以為只有白天能逛駁二嗎？當然不是，週五、週六、以及國定假日都開到晚上 8 點。夜晚的駁二展現與白天截然不同的風情，一邊百年鐵路公園成為大型地景燈光展場；另一邊華燈初上，彷彿幫倉庫區拍攝沙龍照，朦朧的美感搭配夜晚的手作市集，讓你從早到晚都無法離開駁二。

INFO

（1）搭乘台鐵至新左營站或高雄車站，出站後轉乘高雄捷運紅線到美麗島站（R10），再轉橘線（往西子灣）到鹽埕埔站（O2）。於一號出口沿大勇路步行約3分鐘。

（2）搭乘高雄捷運紅線到凱旋站（R6）或橘線西子灣站（O1），出站可轉乘輕軌，於駁二蓬萊站（C13）或駁二大義站（C12）下車。

（3）公車可搭五福幹線、「瑪星文化公車、11、33、99、219、248、橘1（假日限定）等路線。

攝影 | 顏正裕

 旅人帶路

讓你捨不得離開的駁二藝術特區

　　2018 年 10 月的駁二攝影節，是我第一次在駁二擺攤的日子，2 天的展期我遇見各地的藝術人才，彼此都默默在自己的領域努力著。駁二倉庫就是大家的舞台，在這裡綻放最耀眼的成果。

　　每當我需要寫作素材的時候，總會搭著捷運到鹽埕埔站，穿過高雄過往繁華的五金街，在駁二各大倉庫裡遊走。大義倉庫時常依據不同計畫而有各種類型的藝術家進駐，遊客就像手拿著驚喜包，永遠不知道你打開門會看見誰；近年在駁二的外圍也開始出現共享工作空間，一層樓裡面包裝設計、動畫、以及工藝等行業，讓藝術貼近我們的日常生活。

　　在駁二也能就近欣賞港灣與渡輪。在這靠近海、卻又不跟海畫上等號的地方，是個逃離高樓壓迫的喘息空間，也是心靈放鬆的休息站。

旅人介紹

顏正裕

高雄人，把駁二視為靈感倉庫，需要素材的時候就跳上捷運到鹽埕埔，花幾個小時欣賞這座迷你城市。

離れがたくなる駁二芸術特区

　　駁二芸術特区は5回以上は来るべき場所です。ここにはさまざまなアクセス手段があり、訪れる人にいつも違った顔を見せてくれる場所だからです。地下鉄やバスを乗りこなしたり、環状のライトレールや、自転車で回るのも高雄港を存分に楽しむコツです。二階建てバスに乗って街を眺めるのも一つの方法です。特別なのは、哈瑪星文化の小型蒸気機関車です。鉄道ファン垂涎のレトロな乗り物です。

　　駁二に着いたら、すぐに古い倉庫が目に留まるでしょう。ここは文学青年が写真を投稿する流行スポットトへと変貌を遂げています。駁二特区は、大義区、大勇区、蓬莱区の3つの区に分かれています。静止した芸術特区以外に、デザイン祭、大港コンサート、映画祭などの活気ある駁二の空気を感じることができるでしょう。数十年来の重工業が高雄にもたらした雰囲気との融合も見られます。

　　駁二芸術特区は勞工博物館と鋼雕芸術展を設立し、多くの観光客にこの地の歴史や文化を提供しています。あなたはまだ駁二に来るのが無駄足に過ぎないと思っていませんか？ そんなことは決してありません。金曜、土曜、国が定めた休日もずっと夜の8時まで営業しています。夜の駁二では昼間とは全く異なる風情が展開します。百年鉄路公園は大型のライトアップ施設です。灯りがともる頃に倉庫区で撮影するとまるでサロンで撮ったかのようになります。ぼんやりとした美しさが夜の蚤の市の景色とマッチしていて、あなたを駁二から離れがたくさせるでしょう。

アクセス

(1) 台鉄に乗り、新左営駅または高雄駅へ。高雄捷運紅線に乗り「美麗島駅」（R10）で下車、橘線（西子湾行き）に乗り換え、「鹽埕埔駅」（O2）へ。1号出口を出て大勇路に沿って徒歩約3分で到着。

(2) 高雄捷運紅線に乗り、「凱旋駅」（R6）または橘線「西子湾駅」（O1）で下車、ライトレールに乗り換え、「駁二蓬莱駅」（C13）または「駁二大義駅」（C12）で下車。

(3) 「五福幹線」、「哈瑪星文化バス」、11、33、99、219、248、橘1（休日限定）などに乗車。

東部 青山與碧海的包圍

依山傍水的東台灣，
有著令人驚嘆的山海景觀，
奔放且自由的生活步調，
清新的空氣，總能振奮你的精神，
想要一掃煩憂，
一定要來這些人間仙境走一遭。

太魯閣
タイルゥガァ

花蓮縣
ホァ リエンシェン

台灣人心中最美的國家公園

範圍涵蓋花蓮縣、南投縣、以及台中市。太魯閣國家公園是台灣成立第四座的國家公園，以立霧溪、周邊峽谷、東西橫貫公路為主。因為地處菲律賓海板塊和歐亞板塊的聚合邊界，經常因為地震而受到嚴重影響。

太魯閣一直以來都因為鬼斧神工的峽谷地形，群峰環繞形成山間雲霧繚繞，無論是國內外遊客皆絡繹不絕地爭相前來拜訪。

天下雜誌〈世界級的景觀，國際級的定位〉一文報導，太魯閣曾被選入英國媒體對「世界十大必遊景點」調查，將太魯閣名列全球第五；也被聯合國亦將其評定為世界 A 級景觀；美國《時代雜誌》更在 2006 年 5 月的《亞洲最好》特刊，評述台灣的東海岸，有崎嶇的峭壁和寧靜的海灘，還有一望無際的太平洋視野，認為足可與中國絲路並駕齊驅。

攝影｜洪舜傑

攝影｜洪舜傑

砂卡礑步道
兼具景觀生態與人文之美

海拔高度約 60 公尺，全長約 4.1 公里的河谷地形，擁有多樣的植物生態，此處曾是太魯閣族人的部落據點。

砂卡礑步道石牌橫亙在路橋邊，從標示入口處，沿樓梯往下，腳底踩的是石礫泥土路，雖然路幅不寬，但相對平坦，因此並不算難走。步道與砂卡礑溪平行，若有機會也可品嘗原住民部落的小吃，一邊欣賞美景。

蓊鬱森林中的小徑，一旁是溪水日日侵蝕的岩石，被雕琢成圓滑的礫石，遍布河床。沿著美麗的步道，呼吸間都能感受到充滿芬多精的滋味，令人忘卻城市喧囂，讓砂卡礑步道兼具景觀生態與人文之美。

一路走到盡頭便能下水遊玩，捲起褲管至小腿，光著腳丫踏入清澈的溪水，冰涼舒服，溪床上布滿大大小小的石頭與細沙，魚蝦在溪中生活，人聲嘻笑與大自然合奏出和諧的幸福樂章。

179

攝影｜吳孟霖

特色小吃

佳興冰果室

消暑解渴的檸檬汁，美味可口、
價格優惠的熱炒料理。

🏠971花蓮縣新城鄉博愛路22號

📞03-8611-888

🕐08：00～17：00

達基力黃金洞部落屋

太魯閣族無菜單風味料理、歌舞
表演、現打麻糬、美食與文創的
空間。

🏠花蓮縣秀林鄉崇德村96號

📞03-862-1033

🕐11：30～14：30

長春祠
僻靜的山寺與飛瀑美景

原本是紀念因修築中部橫貫公路殉
職的工程人員而興建的，位於花蓮縣秀林
鄉。長春祠的下方是一道清冽的泉水瀑
布，中式建築橫亙山壁間，組合起來像是
典型的中國山水畫。

由於地勢陡峭，步道呈現類似阿里山
火車的「之」字型向上爬升，也因為瀑布
終年沖刷，使得附近地質逐漸變得脆弱，
過去好幾次因為山壁崩落而毀壞附近涼亭
等建築物。瀑布沖向底下的立霧溪，橫切
出超越直角的彎曲面；同時立霧溪在這裡
彎出一個大曲流，也因為地勢較為平緩，
在這裡的河道顯得比較寬大。長春祠居高
臨下，是欣賞大自然雕刻工藝的絕妙景
點。

經過長春祠後繼續沿著階梯向上，達
到最高處可見一個鐘樓，到達鐘樓之前會
經過禪光寺與禪光吊橋，在僻靜的山林間
看見佛寺總有一股清靜的感覺，吊橋則須
小心翼翼行走。抵達鐘樓後便可俯瞰立霧
溪與鄰近山巒，微風輕拂之下便可消除一
身暑氣。

燕子口
生態、人文特色兼具的步道

　　太魯閣最精華的地段，位於中橫公路 179 公里處。為了人車安全，特別開闢隧道與橋樑，車輛穿梭於隧道，而行人則步行公路。因此自行開車到燕子口必須留意周邊景色，否則一不小心可能就錯過這些精妙美景囉！

　　燕子口的特殊地形就是立霧溪不斷切割峽谷所形成的，岩壁的壺穴提供燕子築巢與覓食，因此才有燕子口的名稱。除此之外，也能看見湧泉、峽谷等特殊景觀，而步道與峽谷所形成的光線對比，也是一種奇觀，只是步道較暗，須留意身旁車輛。

　　「飛燕迎賓」的紅色大字是步道上最明顯的指標，也是遊客駐足拍照的景點之一。前方靳珩公園則是一處中繼站，稍作休息後可前進至印地安酋長岩、岳王亭吊橋、青蛙石、雨瀑等。由於太魯閣國家公園內的景點密集，因此遊客每次可選擇一條步道欣賞。

攝影｜洪舜傑

清水斷崖
氣勢雄偉的空中走廊

　　位於清水山的東側，綿延超過 20 公里，以接近 90 度的垂直角度交會太平洋沿岸。舊蘇花公路因為路幅狹窄又彎曲，經過截彎取直與拓寬工程，更能放心欣賞山海美景。蘇花海岸地區位於板塊交界地帶，自古以來有許多次的劇烈板塊運動，清水斷崖堪稱台灣十景之一，此處也設立一座石碑，讓遊歷此處的旅客見證大自然的絕佳手藝。

　　站在斷崖，各種顏色的藍映入眼底，浪花擊碎在岩壁之上則形成白色泡沫。背後則是翠綠山巒，偶爾夾著綿白色的雲，多種色彩與地形交織的美麗風貌，一進入這個區域，便讓人不自覺得慢下來了。然而，此處大型車輛較多，且行車速度快，在欣賞美景的同時也須注意安全。

　　清水斷崖附近的匯德景觀步道，開放路段大約 700 公尺，此處僅開放行人通行，幾乎整段步道皆臨海修築；另一條崇德步道則是觀賞浪花的景點。

INFO

（1）自行車：周邊道路狹窄，常有大型車輛行駛，請特別小心交通安全。
（2）開車從太魯閣遊客中心出發，穿過砂卡礑隧道、西拉岸隧道接長春隧道右轉至西口後左轉，循中橫公路台8線舊道前行即可到達長春祠，步道入口位長春橋與仙霞隧道間。
（3）開車請注意，舊台八線為單行道（西往東方向），行程有往布洛灣、燕子口、天祥，返回者，建議可於返程時再行前往，並盡量避開下午3點至5點大型遊覽車壅塞時段。
（4）搭客運，從花蓮或太魯閣火車站搭乘開往天祥、洛韶、梨山方向班車，在九曲洞下車即可。
（5）台鐵搭至花蓮火車站，於前站轉搭「台灣好行1133A巴士」至「太魯閣國家公園遊客中心」，一日券250元，兩日券400元。

攝影｜洪舜傑

 旅人帶路

太魯閣──鬼斧神工的峽谷景觀

　　到達太魯閣時，首先會見到太魯閣的牌樓，許多遊客都會爭相與牌樓拍照。拍完照行經錦文橋後左彎抵達太魯閣遊客中心，可以進一步了解太魯閣各景點的指南。

　　往山裡前進就抵達燕子口步道，入內別忘了借用免費的安全帽，避免落石襲擊的危險。燕子口東側入口可以看到一座橫越立霧溪的吊橋，那是錐麓古道的入口，如果想要去的朋友必須事先提出申請。

　　沿著燕子口步道走，右手邊是立霧溪切割出來深深的峽谷，溪谷上不時可以見到大大小小的壺穴，對面的岩壁可以看到不同顏色的岩層被擠壓形成的皺褶。涼風徐徐，耳裡傳來潺潺的溪水聲，享受大自然的輝煌。一旁的靳珩公園休憩平台望去溪谷，可見到貌似頭戴羽毛帽的印地安酋長側臉岩石。

　　再往西行，來到著名的天祥，有餐廳、飯店和背包客棧可供住宿。大推文天祥公園，是由紀念第五任台灣總督佐久間左馬太的「佐久間神社」改建而成，因為地處台地之上所以視野極佳，可以一眼看盡整個天祥地區。

旅人
介紹

林郁峯

不安於室的旅人，足跡遍布30多個國家，其中包含了聖雅各之路（Camino de Santiago）、熊野古道（Kumano Kodo）、以及四國遍路（Henro）。

家鄉台灣台北，因為多次旅遊國外，透過自己的旅遊與外國人交流，將台灣介紹出去。拜訪過花蓮極具特色的景點──太魯閣，分享這裡的美，大自然的鬼斧神工，絕對值得旅客一訪再訪。

太魯閣─峡谷の景観

太魯閣国家公園は台湾でも有数のレクリエーションスポットです。日本統治時代に早くも「次高タロコ国立公園」として計画され、高山や渓谷のみならず、高くそびえる清水断崖や広々とした太平洋を眺めることができます。

花蓮市から太魯閣に向かうと、すぐ目に入るのが太魯閣閣口門です。みんなここでひとまず写真を撮ります。さらに、錦文橋を渡って行くと太魯閣観光センターがあり、太魯閣境内の観光スポットを紹介しています。

さらに山の中に足を踏み入れて行くと、燕子口歩道にたどり着きます。この歩道は太魯閣境内で最も際立っている歩道で、全長1.3キロあります。燕子口歩道に行く前に無料で貸し出されているヘルメットを忘れずに持参し、落石などの危険から身を守るようにしましょう。燕子口の東側の入り口からは立霧溪にまたがる吊橋が見えます。それは錐麓古道の入り口でもあります。ここに行くには事前申請が必要です。

ヘルメットをかぶって燕子口歩道に沿って進むと、たびたび真っ暗なトンネルを進むことになります。右手は立霧溪のきりだった峡谷、河岸には大小様々なかめ穴が見えます。向かい側の岩壁の上には様々な色の岩層が押し出されてヒダを形成しているのが見えます。まるで広大な地理教室のようです。涼風に吹かれ、サラサラと流れる谷川の水の流れを耳にするのは、本当に心地の良いものです。靳珩公園の休憩地点から河岸の通ってきた道を眺めると、羽毛の帽子をかぶったインディアンの酋長の横顔のような岩石が見えます。

燕子口を過ぎてさらに西に進みましょう。最も大きい休憩スポットである天祥があり、レストランや、ホテル、バックパッカー向けの宿があります。私は文天祥公園に行くことをおすすめします。この小公園はかつて第5代台湾総督佐久間左馬太（さくまさまた）を記念した「佐久間神社」でした。台地上にあるので眺めが極めてよく、天祥地区を一望することができます。

攝影｜洪舜傑

アクセス

(1) サイクリング：道路が狭く、大型車両が走っているので、交通安全に心がけてください。

(2) 車：太魯閣遊客センターから車で出発、砂卡トンネルを過ぎ、西拉岸トンネルから長春トンネルを過ぎ、右に曲がって西口を出て左を曲がり、中横公路台8線旧道に沿って進み、長春祠へ。歩道入口は長春橋と仙霞トンネルの間にあります。

(3) 車（注意が必要です）：旧台八線が單行道（西往東方向）になっています。ルートに布洛灣、燕子口、天祥がおすすめです。帰り道はなるべく午後3時から5時の観光車が多い時間は避けるようにしましょう。

(4) 長距離バス：花蓮または太魯閣の駅から天祥、洛韶、梨山行きのバスに乗り、九曲洞で下車。

(5) 台鉄：花蓮火駅で下車、「台灣好行1133Aバス」に乗り換えて「太魯閣國家公園遊客中心」へ。一日券250元、二日券400元。

18 都蘭
ドウラン

台東縣
タイ ドン シェン

台灣最美風景與最美人情味的後山部落

　　位於台灣東南方，是海岸線最長的縣市，背山面海的地形讓台東充滿豐富的自然資源。從日治時期便以知本溫泉聞名，老爺溫泉飯店興建完成後，將知本美人湯推上高峰；然而，2009年的八八風災過後，溫泉區受到破壞，致使遊客數量銳減。所幸台東的美景與人文並不讓人失望，從伯朗大道、金針花海、鹿野熱氣球等熱門景點，讓觀光逐漸回溫。

　　都蘭山位於台東東河鄉的海岸山脈上，依著海岸公路的都蘭灣優美弧形如珍珠般圓潤，這靠山面海的美景，吸引了藝術家進駐。走訪日治時期建造的都蘭新東糖廠，看看藝術家的創作重新賦予糖廠新生命與活力；或到都蘭山林裡的日式木屋——月光小棧，參觀電影《月光下，我記得》的場景與文物，在蓊鬱山林的陽台上望著太平洋與綠島，身心靈在山與海交會中得到全然的療癒。

攝影｜洪舜傑

月光小棧
電影打響都蘭的知名度

　　過去是都蘭林場行政中心，現在由東海岸國家風景管理處管轄。電影《月光下，我記得》讓楊貴媚奪得金馬獎影后，也打響都蘭的知名度，電影場景仍完整地保存在月光小棧2樓。月光小棧位於都蘭山麓，1樓委外「女妖在說畫」團隊經營，開闊的庭園面對著太平洋，湛藍的海永遠不會嫌膩。

　　木造建築搭配復古的擺設，電影裡女主角的衣服、高跟鞋都還放在原處，其他道具（包括大珠子算盤、明星花露水等）也整齊排列在桌上。走到陽台，傍著2樓欄杆眺望遠方，讓心靈沉澱與平靜。曾經有個部落客說：「如果你到都蘭這塊土地流浪，記得讓海帶走你的憂傷，讓山成為你的依靠。」的確，踏在太平洋左岸的都蘭，可以讓你忘卻一切紅塵俗事。

　　東部的生活可以是隨興且隨性的，就如同此處可見的漂流木，許多國內外的藝術家會利用漂流木創作，月光小棧旁的咖啡廳就是其中之一。裏頭任意擺放的商品符合這裡浪漫的氣息，沒有刻意的位置，這就是台東都蘭的生活。

攝影│游明珍

都蘭國小
戲謔的暗示，讓人莞爾一笑

　　都蘭國小的書包曾經風靡台灣一陣子，帶著戲謔的暗示，讓人莞爾一笑。建校超過 110 年的都蘭國小，最初是為原住民設立的學校，現在則是原住民（阿美族）與漢人（閩南及客家）各占一半，目前一至六年級各有 1 班學生，加上幼稚園，總共有 7 個班級。

　　司令台背對著都蘭山、校門就可看見太平洋，讓這所學校擁有絕佳的景觀。雖然人數並不多，偏鄉學校也容易出現人口外流的危機，但學校極力結合社區發展。都蘭國小一直傳承部落的歷史，整座學校大約 20 分鐘內可以走完一圈，是個小而美的地方。校內的遊樂設施仍帶著懷舊的感覺，無論是攀爬的欄杆、水泥溜滑梯、甚至是紅土跑道，都是我們幼時的回憶。

　　2017 年，由都蘭國小與搖滾媽媽合作的「都蘭國小」書包，在側邊縫上阿美族的各色圖案，是純手工製作的商品，部落的搖滾媽媽們希望將部分所得回饋給學校。所以，如果下次來到都蘭，不妨問問是否還有學校發行的經典書包吧！

新東糖廠
紅糖製造所轉型文創部落

　　在都蘭附近一定會看見一根高聳的煙囪，那就是新東糖廠的標誌，這裡曾經是紅糖的重要製造所。興建於日治時期的新東糖廠，在二次大戰轟炸、以及製糖工業沒落後轉型為文創聚落，原本的辦公室、工廠、或木造宿舍保存良好，近年來改建成咖啡廳、原民文化館、甚至還有民宿。因此，遊客可以選擇駐足此地，深度體驗特有的歷史文化。

　　糖廠入口處的小房子是以前的地磅站，客人只能坐在戶外的長凳或小椅子。如果想要找尋小時候的冰棒回憶，來這個地方絕對沒錯：把綠豆湯裝進冷凍袋，再放到冰箱裡面結凍，拿出來便是最純樸的冰品。接著是糖廠咖啡館，週末都會邀請在地樂手來表演，在山巒、海洋、以及晚風徐徐的氣氛下，享受熱情又帶點粗獷的原民特質。

　　寫張明信片給好友吧！在這裡形成的後山藝術文化有種迷人緩慢的特質，與西部步調快速的都會區截然不同。每個角落都值得細細品味。

攝影│洪舜傑

加路蘭風景區
最靠近海洋的地方

　　位於台 11 線 157.7 公里，加路蘭風景區原本是空軍志航基地的廢棄土放置場，後來改建成東海岸的遊憩區。加路蘭其實是阿美族語「kararuan」，意指「洗頭髮的地方」，傳說都蘭附近的小溪富含礦物質，頭髮洗過之後會顯得柔亮而得名。

都蘭義大利披薩Ajo′Pizza

體驗在熱帶享用義大利披薩的10
種方法。

⌂ 台東縣東河鄉都蘭村459-2號

☎ 0910-437-655

🕐 11：30～14：00

　　17：30～20：30

　　（週二公休）

蘇菲的小酒館

只能預訂的限量在地美食。

⌂ 台東縣東河鄉都蘭村新社路33-1號

☎ 0958-964-773

🕐 17：30～22：00

　　（週三公休）

　　在這最靠近海洋的地方，能見度極高的時候能見到孤懸在太平洋的綠島。這塊由漂流木打造出來的藝術休憩地點，沿岸有「哭泣的露珠」、「風車組」、「我的好朋友」等藝術作品，有藍天與大海襯托顯得更加美好。由於附近並沒有太多遮蔽物，防曬功夫可要做到足夠，但配合海風吹拂並不會太過悶熱。陳列的藝術品是熱門的打卡景點，無論是「我的好朋友」那兩隻魚、或是拔地而起的水滴、以及狀似種子的「窗櫺」，都值得放慢腳步觀賞。

　　此外，寬廣的草原以及漂流木鞦韆等遊樂設施也很適合帶小朋友來釋放能量。玩累了就躺在吊床上，安靜地看著眼前海天一色的蔚藍風景，將煩惱一掃而空。

INFO

🚗 （1）開車沿著海岸台11線，即可抵達都蘭。

　　（2）搭乘台鐵至台東車站，搭乘搭鼎東客運海線海線，於都蘭站下車。

　　（3）搭乘台鐵至台東車站，出站後轉乘好行東部海岸線於都蘭糖廠站下車即可到達。

攝影｜徐嘉男

 旅人帶路

山與海相遇最美的療癒殿堂，休息、沉澱再出發！

　　從台東市區沿著台十一線走，跨越卑南溪的中華大橋到富岡，右邊映入眼簾是蔚藍海岸，一路上往都蘭的風景是浩瀚無際的海洋，令人心曠神怡。往都蘭山上走，靜謐茂密的森林中，在月光小棧喝一杯溫熱西藏花茶，濃郁香氣沁入身體，帶來一陣陣舒心的放鬆；山上的日式小屋椅著木頭欄杆，望向晴空下都蘭灣海景，還能見到遠方隱隱約約的綠島，像是藏在海天一色中的翡翠，等待旅人去發掘的驚喜。

　　在這裡遠離人群的恬靜，讓我不禁坐在屋內榻榻米內閉眼靜坐，感受山林與海洋的大自然洗禮，似乎再多的煩惱到了這裡都會有一條無形的結界止住。我的心隨著風穿越樹梢，有如浮雲般輕快飄揚在都蘭山上，又飛到太平洋裡隨著浪花游著，讓海水洗淨了心。來到月光小棧令人煥然一新的療癒感，是在都蘭最好的祝福。

游明珍

 旅人介紹

沉浸於心靈瑜伽及動感歌舞的自由作家，擔任秘書多年，兼具感性及理性，樂於體驗不同人生滋養靈魂。近年來與台東結下不解之緣，曾在1年內造訪台東8次，在台東山海戀自然景色中，享受與內在自己的合一。

屋根付きのバス停でくつろぎの時間を

　都蘭山は台東東河の海岸の山脈上にあります。海岸公路沿いの都蘭山湾は弓なりの優美な形をしていて、まるで真珠のような丸みを帯びています。この海と山に囲まれた風景の美しさは芸術家が好んで住み着くほどです。日本統治時代に建造された「都蘭新東糖廠」（砂糖工場）を訪れ、芸術家たちがこの「糖廠」に吹き込んだ新しい命と活力をぜひ鑑賞してください。都蘭山の林の中にある和風の木造家屋「月光小棧」では、映画「月光下，我記得」（The Moon Also Rises）のロケ地と関連品を見学できます。草木の生い茂る山林のバルコニーからは太平洋と緑島を一望することもできます。山と海の交わる景色の中で心身がすっかり癒されます。

　都蘭から車で15分ほどの台11線（省道）に位置する東河村入口に着くと、台東東河海岸線そばに「知路橋」の屋根付きバス停があります。バス停の掲示板がいつも風で倒されて危険な上、道路を聞きに来る人や、トイレや充電が必要な人もいることから、宜蘭から来た游全民さんが、バス停の後ろの空き地を借りて無心巌農産物ふれあい館を設置し、自費でバス停もつくりました。

　このバス停は天然のヒノキや石を使っていて、その石の壁の表面には竹の葉が生い茂っています。ここでは充電サービスも提供しています。ヒノキでできた屋根には原生のソテツが生え、茅で日よけをしているので風通しがよく、すがすがしいです。裏にはトイレも備えています。旅につかれたらヒノキの香りに包まれて竹の葉がそよぐバス停の中で、おもてなしのお茶をいただき、「台湾で最も美しい景色は人です」という言葉を証ししましょう。東河でゆったりとくつろいで、山と海と人情で心をやしなってください。

アクセス

（1）台鉄の台東駅で下車、鼎東客運の海線（海沿いルート）に乗り、都蘭で下車。
（2）台鉄に乗り、台東駅で下車、東部海岸線に乗り換えて都蘭糖廠駅で下車。
（3）台湾好行東部海岸線に乗り、都蘭糖廠で下車。

9

ホァ リエンシェン
花蓮縣

チー シン タン
七星潭
擁抱太平洋的溫柔

　　風塵僕僕的你，在搭火車的途中不知道沿途有瞥見東台灣的美嗎？當你踏上花蓮的土地，是否有種解放、輕鬆的感覺，除了舟車勞頓之餘，呼吸一口口花蓮的空氣，是否有欣喜之感。

　　歡迎你來到台灣的後山──花蓮，你一定不能錯過這富有詩意名稱的景點──七星潭。位於花蓮市新城鄉北埔村，美崙工業區和花蓮機場以北的地區，有一條由斷層形成的優美弧形海灣。海水潔淨湛藍，黑石晶瑩剔透，在此可遠眺青山蒼鬱，公路綿延。

　　七星潭的名稱來自早期傍水而居的居民，「七」這個數字，有著吉祥、多數的想法；「星」則是指月光照在潭面上一閃一閃的樣子；「潭」指的是淡水，故而稱為「七星潭」。

　　又說因為在以前，到了晚上天氣好、沒有光害的時候，就能看到滿天的星星，尤其是北斗七星最為清楚，所以稱為「七星」。加上四周圍的潭水，就合稱為七星潭了！

攝影｜洪舜傑

七星柴魚博物館

以鰹魚製成的柴魚花香氣足，適合熬煮成甘美湯品。鮪魚製成的柴魚花滋味鮮甜，最適合作涼拌或當小零嘴。

⌂ 花蓮縣新城鄉大漢村七星街148號
☎ 03-823-6100
🕐 08：00～18：00
　（全年無休）

傳說與美景相融，獨特海岸魅力

　　當地有一段傳說。很久以前，加禮宛山一位美麗的姑娘吸引山裡青龍的青睞；但她早已嫁人。青龍心有不甘，也知道她的丈夫每天都會出門打獵，因此變成一隻老鷹，當丈夫追逐老鷹不小心墜落山谷死亡之後，青龍再變成丈夫的樣子回家。青龍實現心願與美麗的妻子生活在一起。但久而久之，妻子起了疑心，終於發現丈夫其實是一條青龍，她向部落長老報告。青龍在無計可施的狀態下逃向海邊，變成一顆青色石頭，同時射出七道光，從此這個海邊就叫做「七星潭」。

　　歷史記載，1936 年因日本人在現在花蓮機場一帶興建沿海飛行場，填平了大部分的湖泊，把居民遷移到現址，但居民仍習慣稱為七星潭。後又因興建機場跑道，現在只剩下 3 個潭，2 個在空軍基地內無法得見。1 個在花蓮教育大學內，隔著大門就可以看見。現在說的七星潭，泛指美崙工業區和花蓮機場以北的地區，有斷層形成的海峽與優美的弧形海灣。

攝影｜洪舜傑

在七星潭也可以遠眺清水斷崖，夜間還可以欣賞新城鄉和秀林鄉地區的燈火，花蓮縣政府更興建了石雕園區、賞星廣場、觀日樓、兒童遊樂場等休憩設施，在七星潭漁場附近還有海洋生態解說牌，也利用防風林區闢建海濱植物園區，動植物生態非常豐富，七星潭風景區以自行車道為動脈，從花蓮市南濱公園、經花蓮港、四八高地到七星潭風景區，長達 21 公里的旅程有不同的風光和景點。

只要你來一趟，一定愛上這裡，藍天白雲，月牙海灣，青山藍海。早晚不同景致，春夏秋冬，各有千秋。大自然的奧秘，沉靜美景，紓解壓力，洗滌心靈，放鬆充電。

攝影｜陳容凰

INFO

（1）搭乘台鐵至花蓮車站，出站轉乘105號公車（往七星潭），在七星潭站下車。

（2）搭乘台鐵至花蓮車站，出站後即可看見計程車招呼站。

攝影｜洪舜傑

 旅人帶路

人生一定要來擁抱七星潭

　　我非常喜歡看海，大海像是有神奇魔力能給予我們再出發的力量，我常常獨自前來，但七星潭永遠不孤單，旅人用眼睛欣賞美景，用耳朵聆聽海潮音樂。潮汐之餘，近海漁船辛勤捕魚、遠洋漁船往返航道、人們絡繹不絕的吵雜、街頭藝人展現歌喉與才藝。

　　悠遊徜徉在花蓮的新鮮空氣中，享受慢活主義，來到七星潭邊散步，與山與海為鄰，靜靜地站在砂礫上，目空海洋，時而左瞧，時而右覷，山巒綿延，人群絡繹不絕，但七星潭很長，絕對可以與七星潭單獨對談，盡情地享受一個人的白日夢時光。如果你是一群人更可以歡呼，一起在砂礫上奔跑、跳躍、追逐。打水漂是我與它最愛玩耍的方式，它具有魔力，慢慢平靜我的心，很簡單愛上七星潭的迷人，深受它魅力吸引。

朱榕珊

旅人
介紹

來自花蓮農村的女孩，平凡、簡單又純樸的來到台北就讀大學，感受到城市之都的豐饒與資源集大成，因此像海綿不斷吸收，在生活中為自己的三餐打拼之餘，回望自己是否能為自己的家鄉做點事，因此有了此篇文章。而七星潭是我自己樂此不疲到訪的花蓮景點。自己遠方來花蓮遊玩的朋友，這景點是我第一優先推薦的地方。

七星潭の優しさを抱きしめよう

（チー シン タン）

　　旅に疲れたあなた、汽車の中から美しい東台湾の景色を見ませんでしたか？ 花蓮に降り立ち、解放され、リラックした気分になりませんか？ 旅の疲れを抱えたまま、花蓮の空気を吸って幸せな気分に浸りませんか？

　　「台湾の裏山」——花蓮へようこそ！ まずはこの詩の味わいに満ちた名前の景勝地——七星潭に注目しましょう。この名称はこの地にあった7つの湖が北斗七星の形をしていたことに由来しています。しかし、日本統治時代に、空軍基地の建設のために、これらの湖は埋め立てられてしまいました。花蓮市新城郷北埔村の、美崙工業区と花蓮空港の北に、断層で形成された美しい弓形の海湾があります。海水は美しく青みをたたえ、黒い石がクリスタルのように輝いています。この場所からは公道に連なる、うっそうとした緑の山を眺めることができます。

　　この七星潭では、清水断崖の美景を眺めることができるだけでなく、夜には、新城郷と秀林地区の夜景を楽しむことができます。花蓮県政府が作った石刻公園、星観賞広場、観日楼、子ども遊園地などのレジャー施設の他、七星潭の漁場付近には海洋生物の生態を説明した掲示板もあります。防風林の地域を利用して、海浜植物公園も作られており、豊富な動植物の生態について知ることができます。七星潭風景区にはサイクリングルートがあり、花蓮市の南浜公園から、花蓮港、四八高地を経由して、七星潭に至る約21キロのルートを巡ると、様々な風景、景勝地を楽しめます。

　　花蓮の新鮮な空気の中でのんびりと過ごし、ダウンシフト体験に身を委ね、七星潭で散歩をし、山と海に囲まれた砂浜に静かに立ち、海に目をやり、左右に目を向けると、山は連なり、人の群れは途絶えることがありません。しかし七星潭とは、一対一で対話をすることができます。一人になって思う存分白昼夢に浸れるのです。もちろん、群れの一人になってみんなと歓呼の声をあげ、砂浜を走り回り、飛び回り、追いかけっこをするのも良いでしょう。私は水切り遊びが大好きです。魔力があり、私の心を落ち着けてくれます。七星潭はかくも深い魅力があり、人を惹きつけてやみません。

アクセス

(1) 台鉄に乗り、花蓮駅で下車、105号バス（七星潭行き）に乗り、「七星潭駅」で下車。

(2) 台鉄に乗り、花蓮駅で下車、タクシー乗り場へ。

タイ マ リー ジンジェンホァハイ

太麻里金針花海

黃澄澄的地毯，夏季限定！

台東縣
(クイ ドン シェン)

17

　　台灣著名的花東三大金針花海是酷暑後入秋前的熱門景點，三大花海包括位於花蓮富里的六十石山和花蓮玉里的赤柯山，以及台東太麻里的金針山。每一處都擁有獨特魅力及當地風情，結合當地農產品形成觀光地區，可以自行依照旅遊行程挑選安排。

　　此次票選出台灣 TOP30 景點之一的台東太麻里金針山，整個區域被規畫出3 條主要的登山步道，可供遊客細細漫步於山谷間。

攝影｜陳翔齊

日出、海景、花海，任你選擇

　　第一條登山步道會經過迎曦樓、湛藍若洗、孟宗竹道、遊客中心，相當適合初次來訪的旅客，遊客中心可以提供遊客一些建議和指引，而在步道途中會經過高聳的竹林，使遊客有不同的體驗，接著是在觀景台上可以觀賞日出及眺望太平洋，偶爾會看到一些攝影師會在此處聚集，只為捕捉那短暫的美景。

　　第二條登山步道會經過觀海樓、大腳印步道、摘星樓，顧名思義走在這條步道上，能夠觀賞到海景，而且摘星樓視野遼闊，在夜晚滿天星斗等待遊客一覽無遺。

　　第三條登山步道經過楓林步道、千鶴亭、雙乳蜂、晨曦亭、忘憂亭、秀峰亭，在楓林步道有許多紅葉一路陪伴遊客前往金針山的至高點雙乳蜂，雙乳峰處有曙光亭和千禧亭供遊客在高處觀賞花海，另外還有一等三角點可以看到曙光亭和千禧亭相望的模樣，接著可以前往忘憂谷欣賞漫山遍野的金針花海，雖然在金針山無處不花海，但是每一處的景色完全不同，建議遊客來到此處一定要都去看看，才不枉費一番舟車勞頓。

青山農場

使用在地新鮮食材透過低油、低鹽、低糖、高纖維的製作方式來提供農家產品美食，且金針種類眾多可供遊客挑選。

🏠 台東縣太麻里鄉大王村（金針山）佳崙17鄰196號
📞 089-781-677
　 089-782-078
🕐 07：00～22：00

大友茶園

用料十足的金針湯及美味的炸金針，還有一些金針特色小吃，讓遊客在微寒的山上能夠補充熱量。

🏠 台東縣太麻里鄉大王村18鄰佳崙45號
📞 089-782-048
　 0919-782-048
🕐 08：19～21：00

攝影｜洪舜傑

攝影｜洪舜傑

攝影｜陳翔齊

攝影｜洪舜傑

花季以外也有很多不同美景

　　金針山富有溪流、瀑布、高山、峽谷等地景，除在金針花季外，其他時間造訪也可以觀賞到不同的美景。山上氣候多變，日照時間較長，提供植物較好的生長環境，因此這裡也盛產釋迦、枇杷、洛神花、太峰茶、荔枝等農作物。大多當地居民會將未開花的金針花採集製成食品，由於花朵盛開的時間非常短暫，因此金針花又稱為「一日美人」，但是在金針花綻放出美麗花朵時只能觀賞用，這時大多都帶有毒性，不可以任意摘採食用。另外由於溪谷環境適合螢火蟲生存與居住，依據臺東縣政府統計這裡多達 18 種螢火蟲種類聚集，如果想要觀望點點螢光的景色，來到這裡肯定不會失望。

　　備註：在台灣每一個季節時令皆有絕佳的賞花限定期間，例如 1 月至 2 月是櫻花季、3 月至 4 月是野百合季、5 月至 7 月是繡球花季、8 月至 10 月是金針花季、11 月至 12 月是杏花季。

INFO

（1）搭乘台鐵至太麻里車站，出站後即可看見計程車招呼站。

　（2）花季期間，太麻里車站提供接駁車服務，可於太麻里鄉公所網站查詢班次。

攝影 | 洪舜傑

 旅人帶路

仙境般隨風搖曳的金針花

　　進入太麻里金針山區蜿蜒山路，沿途盡是碧海藍天的風景，這時剛好出現第一個景觀起點—日昇台，決定停車好好欣賞山與海的美景。夏末的太陽仍火烈，坐在樹下的大石頭吹著徐徐涼風，山下枝繁葉茂的樹林舖蓋了多數土地，點綴著些許平房，一路延伸到開闊的太平洋。陽光閃耀，雪白浪花白交織深淺不一的海水，擴展到蒼藍的天空，我的心雀躍著這一望無際的廣袤，以這樣的欣喜心境往山的更深處追尋金針花。

　　金針山沿路都有大小不一的金針花田，散布在各農場與私人土地中，像是每一戶的獨特花園。往山上走，濃霧一陣陣飄來，翠綠山坡上黃澄澄的金針花，瀰漫著一種神秘氣息，有股魔法一會兒讓金針花消失，一會兒又出現一大片於綠坡中，一株株嬌貴亮橙色的金針花，隨風搖曳在山間若隱若現的姿態，擁有神奇魔力召喚著旅人的到來。

旅人介紹

游明珍

沉浸於心靈瑜伽及動感歌舞的自由作家，擔任秘書多年，兼具感性及理性，樂於體驗不同人生滋養靈魂。近年來與台東結下不解之緣，曾在1年內造訪台東8次，在台東山海戀自然景色中，享受與內在自己的合一。

風にゆれる金針花

　　一枚の黄金色の絨毯が山肌を覆う、それは脳裏のまだらな記憶ではありません。台東県の太麻里山は金針花の産地であることから「金針山」の異名を持ち、太麻里地区の小山区上にあります。標高1300メートルと、標高はさほど高くはありませんが、台東の景色を存分に楽しむことができるため、登山初心者が好んでやってきます。バイクや車に乗って風景を楽しみにやってくる人も多いです。

　　毎年8〜9月には、台東県太麻里山の金針花が山肌一面を黄金に染めます。風に揺れる金針花の海は、多くの観光客の足を釘づけにします。初めてこの美しい景色を見たとき、夢の世界にいるようで、今でもその一面黄金色の景色が色あせることはありません。

　　金針花が開花し、しぼむまでにはたったの一日しかなく、「一日美人」とも言われます。金針花を摘む農民たちは朝の内に作業をするので、もし彼らの様子を写真に収めたいなら、朝早く山に登りましょう。古くは「萱草」とも呼ばれ、台湾料理でよく見かける食材です。栄養分が非常に高く、鎮静作用があります。乾燥した金針花を煮詰め、新しくて柔らかい排骨（スペアリブ）を加えたものは、我が家「家庭の味」です。東京での暮らしが長くなっても、やはりこのごちそうを忘れることができません。みずみずしくて甘く、一口であの黄金色の丘の上に戻ったような気分になれるのです。

(アクセス)

（1）台鉄に乗り、太麻里駅で下車、タクシー乗り場へ。

（2）開花期は太麻里駅でシャトルバスのサービスをしています。太麻里**郷**公所ホームページで運
　　　行状況を確認してください。

20

タイ ピン シャン ジェン チン ンホォアイグゥ

太平山見晴懷古步道

全球最美 28 條小路之一

　　太平山國家森林遊樂區，位於台灣宜蘭縣內，隸屬於大同鄉，整個面積達
12929.52 公頃，其中目前開放給遊客的區域僅有土場、仁澤（鳩之澤溫泉）、
中間、太平山莊、茂興、翠峰湖等據點。進入太平山國家森林遊樂區要在售驗票
站購票才能進入園區，如果是搭公共交通運輸工具進行一日遊，需要預購回程票
券且做好行程安排，避免無法乘坐唯一一次的公車回程。

攝影｜洪舜傑

攝影｜洪舜傑

　　土場為太平山木材轉運站，現在被規劃成土場森鐵紀念公園，具有土場紀念站、羅東林鐵、中華號列車等展示區；仁澤（鳩之澤溫泉）是提供露天溫泉SPA、露天裸湯區、家庭湯屋等區域，泉質為弱鹼性碳酸鈣泉，又有美人湯的名號；中間位於仁澤與蘭台之間，故稱為中間，這裡有遊客中心展示關於太平山的資訊，可供遊客加深對太平山的認識；太平山莊是區內主要的飲食住宿區，階梯兩側由紅葉鋪成，在走完 496 個階梯後即可進入檜木原始森林，也是許多遊客來此遊玩入宿的絕佳地點；茂興是太平山蹦蹦車終點站，蹦蹦車的名稱由來是火車行駛的聲音，也有人說是火車煙囪在冒煙時的煙蓋聲，其正名為「山地運材軌道車」，以前主要用來運載木材，在整修後變成提供遊客搭乘的車廂設施。

全球最美28條小路之一

　　區域內有溫泉、雲海、雪景、瀑布、湖泊等景觀，由於處於較高的海拔地區，隨著氣候變化會有著不同景色。長期受太平洋和東北季風影響，此處全年雨量豐沛，形成潮濕且霧雨環繞的環境，因此擁有豐富的林木資源，例如紅檜、扁柏、鐵杉、巒大杉、台灣杉、水青岡，尤其以檜木和台灣水青岡最為珍貴，在太平山

特色小物

灰林鴞毛絨公仔娃娃

台灣共有12種貓頭鷹,而太平山高達8種,其中灰林鴞是出現頻率最高的種類。

🏠 台灣宜蘭縣大同鄉太平巷58之1號
📞 03-980-9806
🕐 假日04:00~16:00
   平日06:00~16:00

太平山莊-零錢包:寬尾鳳蝶、貓頭鷹(灰林鴞)

使用台灣製純棉帆布製作,其材質厚實,由太平山最具代表性的兩種生物做為商品圖樣。

🏠 台灣宜蘭縣大同鄉太平巷58之1號
📞 03-980-9806
🕐 假日4:00~16:00
   平日6:00~16:00

莊後方公園和翠峰湖附近坡地皆有檜木森林,另外在宜專一線13公里處的白嶺,有超過2500年的神木,而台灣水青岡是冰河時期的珍貴稀有植物,秋天時樹葉會變成金黃色,優美的景緻令遊客們十分陶醉。

在2015年網路上有一篇國外文章被瘋狂轉傳,其文章標題是「全球最美28條小路」,其中之一的見晴懷古步道就是位於太平山上。當年這項票選,日本多條小路也是榜上有名,例如:日立海濱公園小徑,京都竹徑和秋天小道等。見晴懷古步道能夠與之其名,可說是與有榮焉,而見晴懷古步道原本是一條運送木材的鐵道,所以會看到一些山林鐵道的歷史遺跡,現在步道與山林溪澗交錯,形成這條古步道現有的獨特美景。

見晴懷古步道位於公車站白嶺和太平山總站之間,且步道一帶沒有任何店鋪,最近已是2.5公里外的太平山莊內販賣部,山上住宿地方僅有太平山莊,如要久留山上需自行備足飲食,另外如需於山上留宿,必須事前預訂。

INFO

🚗 (1)搭乘台鐵至宜蘭車站,出站後步行至宜蘭轉運站,轉乘國光客運「1750宜蘭—太平山」。
(2)搭乘台鐵至羅東車站,出站後步行至羅東轉運站,轉乘國光客運「1750宜蘭—太平山」。
註:國光客運1750號只有假日行駛,並每日來回只有一班(08:30),到見晴懷古步道單程行車時間約2小時20分鐘。

攝影｜洪舜傑

 旅人帶路

冬天不一樣的見晴懷古步道

　　我在冬天遇見不一樣的見晴懷古步道，當時身體感覺是凍冷，但內心卻讚嘆不已，滿懷感恩。

　　2018年1月身為背包客的我，乘坐每天只有一班的公車造訪這條美麗小路。公車沿山路往上爬，車上看著窗外景色，山下綠樹如蔭，直至到達步道入口下車，好像到了別的世界，變成拉上白色帳篷的雪白仙境。

　　當我進入步道，除了欣賞大自然美景，更不忘大口呼吸純淨的空氣，短短不足一公里的步道，不同路段有著不同的特色，步道平坦好走，但要到步道終點站牌，需要走過驚險的繩索吊橋方能到達，我已成功走過，你敢來挑戰嗎？

　　沿路悠閒慢步時還下著細雪，周遭植物和因潮濕環境滋生在鐵道遺跡的青苔，都被鋪上一層白雪，令原本極美的步道增添一分羅曼蒂克的氣氛。

　　雖然腦海預想蒼翠的步道看不見，卻換來意想不到雪白的步道，沒有一點遺憾感，能感受和接觸到不一樣的景象更令我難忘。

旅人介紹

王耀棋

我是一個土生土長的香港人，台灣是我的最愛，台灣的每一個縣市鄉鎮，每一個角落我也想走遍，徒步環台灣本島是我的夢想。宜蘭縣太平山是台灣知名的國家森林遊樂區，其中見晴懷古步道更是2015年被外國人票選為全球最美28條小路之一，我怎會錯過？

銀世界の見晴 懐 古歩道
ジェン チン ホォアイ グゥ

　台湾宜蘭県の太平山国家森林遊楽区は比較的高い海抜地帯に位置していて、気候の変化にしたがって異なる景色をみせてくれます。2015年の「外国人が選ぶ、世界で最も美しい28の小道」の一つが見晴懐古歩道です。この道は海抜1890mの太平山上にあります。当時、日本の小道もいくつかランキングにあがっていました。たとえば、日立海浜公園の小道、京都の竹林と秋の小道などですが、みなさんは行ったことがありますか? 見晴懐古歩道はもともと木材を運ぶための鉄道でした。そのため山林鉄道の歴史遺跡も見ることができます。山林と渓流が入り組む、独特で美しい歩道が形づくられています。

　私はバス族なので、2018年1月に、1日1回のみ運行するバスに乗って、この美しい道を訪れました。開放されている道路はたったの0.9kmですが、ルートのそれぞれに異なる特色があります。歩道は平坦で歩きやすいですが、終点のバス停留所までたどりつくには、スリリングなつり橋を渡らなければなりません。私はチャレンジに成功しましたが、あなたも挑戦してみませんか?

　冬場は寒流に見舞われた時に、山上の気温が急降下し、太平山には霜がおり、雪が降ります。その時、いつもと違った見晴懐古歩道を見ることができます。歩道の植物と多湿の環境により、鉄道遺跡上に繁殖した青苔はみな、白い霜に覆われ、銀世界の見晴懐古歩道が出現します。私はまさにこの冬の特別な見晴懐古歩道にたまたま訪れました。その時身体は冷え切っていたのですが、景色の美しさに驚きを禁じ得ず、その場に居合わせることができたことを感謝するほどでした。

注意事項:

　1.バスで行く場合はチケットゲートで一旦下車してから入場チケットを買い、太平山国家森林遊楽区内に入ります。

　2.もしバスに乗って1日周遊したい場合は、往復券をあらかじめ購入して、旅程をよく考えて、1日1回のみ運行のバスを逃さないようにしましょう。

　3. 見晴懐古歩道は白嶺と太平山終点駅の間のバス停に位置していますので、バスの運転手にあらかじめ見晴懐古歩道で降りることを伝えておきましょう。

　4.歩道にはお店がありません。最も近くにあるのは2.5km先の太平山荘内の購買部です。

　5.太平山の上には宿泊施設が少ないので、もし山上で宿泊するなら予約が必要です。

攝影｜洪舜傑

アクセス

(1) 台鉄に乗り、宜蘭駅で下車、徒歩で宜蘭バスターミナルに行き、国光客運「1750 宜蘭一太平
　　山行き」に乗り換え。

(2) 台鉄に乗り、羅東駅で下車、徒歩で羅東バスターミナルに行き、国光客運「1750 宜蘭一太平
　　山行き」に乗り換え。

注：国光客運 1750 号は休日のみ、往路も復路も 1 日 1 回（8：30）のみの運行です。見晴懐古道
まで片道で約 2 時間 20 分かかります。

30 明池
ミンチー

四季變換宛如百變女郎的自然景色

宜蘭縣
イー ラン シェン

位於宜蘭縣大同鄉與桃園市復興區的交界處，堪稱北橫公路的一抹翠綠，開發歷史可遠溯至民國 50 年代，目前遊樂區內設有「北橫明珠」的展覽館，紀念當年開發北橫公路的前輩。

明池，顧名思義，就是一座湖泊，海拔高度超過 1000 公尺，面積約 3 公頃。夏季氣候仍然涼爽，是北部的避暑勝地之一。附近山巒疊翠，倒映在明池表面，加上氤氳嵐氣，因此也有仙境之稱。

森林遊樂區的範圍極廣，除明池與山峰以外，民國 80 年政府著手興建各式庭園與景觀，包括神木聚落、禪學靜石區、以及蕨園與童話森林步道等。白晝可欣賞鮮明色彩點綴的大地，夜間亦有豐富生態，此時明池如同一片明鏡。

攝影｜洪舜傑

樹林、蕨類、花海,生態豐富

　　明池擁有複雜的植物景觀,高聳入雲的神木群,就算低頭也能觀察各種蕨類深入角落。茂密的樹林造就陰暗潮濕的地面,根據統計,這裡擁有超過 50 種的蕨類植物。當然,為了讓遊客近距離欣賞,又不干擾植物生長的前提之下,木棧道是不可或缺的設計。特別的是這裡設計高低不同的棧道,讓遊客一方面能夠在「林間教室」了解不同物種的生活型態,另一方面也能根據地勢觀察高低層的植物群。

　　如果你以為這裡只有翁鬱的樹叢,那可就錯囉!近年來這裡打著四季賞花的口號,楓葉、櫻花、梅花當然已經是不可或缺的明星,就算初夏(5、6月)造訪此地,也有繽紛的繡球花,像是大地織好的鮮豔毛毯,徜徉其中令人心曠神怡。

　　若只想靜坐在明池湖畔,亦可見到紅檜枯木的造景,對比著神木群的磅礴氣勢,枯木彷彿默默承受歷史在身上刻劃痕跡,誰說「數大便是美」呢?

攝影 | 洪舜傑

特色小物

雙連埤海陸鱒魚餐廳

新鮮野菜與海鮮,料多味美值回票價。

🏠 宜蘭縣員山鄉雙埤路35號

📞 03-922-8908

🕐 11：00〜15：00
（週二公休）

棲蘭達漾咖啡莊園

春天賞櫻夏天露營,再搭一杯咖啡好愜意。

🏠 宜蘭縣大同鄉林森18之1號（台7線84.4公里往明池方向）

📞 0952-308-058

🕐 10：00〜17：00

攝影｜洪舜傑

攝影｜洪舜傑

INFO

🚌（1）台北車站東三門內的7-11旁邊有力麗馬告接駁車,時間與班次請上網查詢力麗馬告生態園區網站。

（2）搭乘台鐵至宜蘭車站,轉乘力麗馬告的接駁車至明池山莊,再步行約15分鐘可抵達明池國家森林遊樂區。

註：接駁車皆須提前2天預約,電話 02-2515-2128。

攝影｜洪舜傑

 旅人帶路

忘卻煩憂的森林之旅

　　這裡不但整年度都適合前往旅行，在四個季節裡的變化，更是各有千秋。明池湖上優游的鴛鴦與黑天鵝，伴隨著一旁枝葉茂盛的樹木群，感受到的是滿滿活力的夏季。當綠葉開始慢慢退去，開始進入一片黃澄的秋季，此時的明池就像日落後的黃昏，帶有淡淡的哀傷。

　　雲霧繚繞的冬季，宛如仙境，若是有幸遇上降雪，白茫茫的一片，似乎與天空沒有界線。冬季過後，萬物復甦，樹枝開始冒出一葉葉的嫩芽來昭告春季的到來，此時霧氣還未全部散去的明池，有著蓋上頭紗般，讓人想掀起一探究竟的朦朧美。隨著四季變化的明池，不僅美麗，且生生不息。

　　走完繁華的城市之旅後，來一趟明池吧！盡情享受滿滿的芬多精，親身感受四季變換的美麗。但請記得，不要餵養野生動物，讓這裡的一切，都維持在最原始、最自然的那一刻吧！

旅人介紹

黃翌禾

熱愛旅行、熱愛台灣這片土地，最喜歡在工作之餘，離開城市走進大自然的野外之旅。當商業大樓與繁雜的人潮都拋到身後時，迎面而來的藍天綠地總是能讓自己忘掉一切的全身放鬆，所以推薦台灣的美景之一明池國家森林遊樂園區。

活力に満ちる、生生流転の明池 <ruby>明池<rt>ミン チー</rt></ruby>

　　ネオン輝く都市を体験したあなたのために、今度は私があなたを秘密の花園にお連れしましょう。それは北部を横断する道路に位置する明池国家森林園区です。ここには名高い「明池湖」に、湖を囲む童話の世界のような遊歩道があります。高山の湖に属する明池は海抜1150〜1700mで気候も爽やかで、北部でも有名な避暑地です。

　　ここは一年中いつでかけても良い場所です。四季の変化があり、季節ごとに異なる味わいがあります。明池の湖上にはオシドリと黒鳥が優雅に憩い、傍らで樹木が茂るにつれて、活力に満ちた夏のおとずれを感じられます。葉の緑がかすみはじめ、黄色味を増す秋になると、明池は日没後の黄昏のように、淡い哀傷をさそいます。

　　冬になればここは仙境のようになります。幸運にも降雪に見舞われれば、見渡す限り真っ白な銀世界となり、天地の境目もなくなってしまいます。冬が過ぎれば万物はよみがえり、木の枝は若芽を吹きだしはじめ、春のおとずれを告げます。霧の残る明池の布をかぶったような水面は、めくりあげてみたくなるような美しさをたたえています。季節によって変化を遂げる明池は、美しいだけでなく、生生流転の様を呈しています。

　　繁華な街並みを旅した後は、明池に是非来てください！ 心行くまで森林の香りを楽しみ、四季ごとの美を味わってほしいのです。ただ、野生の動物には餌をあげてはいけません。ここでは原始の自然のあるがままを維持しなければならないのですから。

〔アクセス〕

(1) 台北車駅東三門内の 7-11 の隣に「力麗馬告接駁車」があります。「力麗馬告生態園区」ホームページで運行状況を確認してください。

(2) 台鉄に乗り、宜蘭駅で下車、力麗馬告的接駁車に乗り換え、明池山荘へ。徒歩約15分鐘で明池國家森林遊楽区に到着。

注：シャトルバスは２日前の予約が必要です。電話 02-2515-2128。

苗栗美好小旅行：
在地美食×懷舊老街×私房景點

江明麗 著／盧大中 攝影／
定價 350元

除了大湖草莓、三義木雕、南庄老街、泰安溫泉……說到苗栗，你會想到什麼？
苗栗的精采，讓我們一一介紹給你。6大主題規劃×60處精采景點賞美景、逛老屋、遊農場、嘗小吃，Let's go! 出發玩苗栗！

台北週末小旅行：
52條路線，讓你週週遊出好心情

許恩婷、黃品棻、邱恆安 著／楊志雄 攝影／
定價 320元

台北這麼大，週末去哪裡？
一次收錄52條輕旅行路線，揭露275個魅力景點！
自然人文、浪漫文青、玩樂童趣、休閒踏青、懷舊古蹟，5大主題，帶你體驗玩不膩的大台北！

高雄美好小旅行：
在地美食×文創新星×懷舊古蹟

江明麗 著／盧大中 攝影／
定價 350元

6大主題規畫×64處專屬高雄的海派浪漫，體驗南台灣溫暖人情，享受港都的燦爛陽光！老眷村、舊城門VS.新興文創園區，別再說它是文化沙漠，高雄比你想的更好玩！

吃進大台南：
內行ㄟ最愛，73家必吃美食(增訂版)

蔡宗明 著／定價 290元

本書介紹73家內行人最愛的必吃美食！有邊吃邊玩的旅遊據點，大快朵頤的嘗鮮路線，鱔魚意麵、虱目魚粥、碗粿、小卷米粉……
跟著在地人的腳步，帶你一嘗最貼近台南的好滋味。

台中・城市輕旅行：
文創×美食×品味一網打盡

林麗娟 著／陳招宗 攝影／
定價 340元

舊建築裡的文創魂，景觀迷人的浪漫所在，咖啡職人的本土咖啡，喝茶也可以很新潮，挑剔的食材、講究的法式甜品、媲美京都的和菓子……從上個世代的華麗，到今日的多姿多采。台中，和你想的不一樣！

慢旅。台灣：
15條深度旅遊路線，看見台灣最美的風景

馬繼康 著／定價 320元

靜下心，慢走細賞，讓旅行不再只是走馬看花，而是一生難忘的珍貴回憶！
有些地方或許你早就去過了，重度自由旅行者馬繼康，帶你了解美麗風景外的點點滴滴，用心聆聽最動人的小鎮故事，玩出不一樣的台灣慢旅行。

胡志明小旅行：

風格咖啡×在地小吃×創意市集×打卡熱點，帶你玩出胡志明的文青味

蔡君婷 著／定價 350元

作為世界咖啡產區之一，讓胡志明市擁有獨特的咖啡文化，你喝過越南版的卡布奇諾──「蛋咖啡」嗎？多樣的道地小吃，讓人恨不得有好幾個胃啊！還有，女孩們不能錯過的CP值超高美甲店，讓姐妹一出「手」便與眾不同。

享受吧！曼谷小旅行：

購物×文創×美食×景點，旅遊達人帶你搭地鐵遊曼谷

蔡志良著／定價 350元

你對曼谷的印象是什麼？潑水節、泰式奶茶、炎熱的天氣？搭火車衝進市場，蹲低才能參拜的佛像，在船上吃飯賞夜景最超值的玩法，五星級的享受，不用花大錢，就能來場很「文青」的曼谷小旅行！

姊妹揪團瘋首爾：

美妝保養×時尚購物×浪漫追星×道地美食，一起去首爾當韓妞

顏安娜 著／定價 360元

百萬人氣部落格主安娜帶路，讓妳一手掌握韓妞最愛的魅力景點！專為女孩企劃的首爾之旅！

姊妹揪團瘋釜山2019

增訂版：地鐵暢遊×道地美食×購物攻略×打卡聖地，延伸暢遊新興旅遊勝地大邱

顏安娜、高小琪 著／定價 360元

2019增訂版隆重推出，一起玩出最新、最精采的釜山！千萬人氣部落客──顏安娜繼《姊妹揪團瘋首爾》好評，再推新作！

別怕！B咖也能闖進倫

敦名牌圈：留學×打工×生活，那些倫敦人教我的事

湯姆（Thomas Chu）著／定價 360元

一樣是海外打工度假，他卻在APPLE、Burberry、AllSaints等品牌工作！讓湯姆來告訴你，打工度假不是只能在農場、餐廳……你可以擁有更好的！

全世界都是我家：

一家五口的環遊世界之旅

賴啟文、賴玉婷 著／定價 380元

在三個孩子陸續報到後，還是攤開地圖，準備帶著孩子一起旅行，地圖上每個國家、每個城市，看來都是可以駐足的好地方，那就……每個地方都去吧！

好書推薦-各種青春冒險

我去安地斯山一下：
謝忻的南美洲之旅
謝忻 著／定價 390元

本書中有螢光幕前散播歡笑，那個你熟悉的謝忻；更有私底下喜歡獨處冒險與自我對話，那個你不熟悉的謝忻，且讓我們跟著動人的文字與生動的圖片，從謝忻的視角看世界。

真正活一次，我的冒險沒有盡頭！從北越橫跨柬埔寨，一場6000公里的摩托車壯遊
黃禹森 著／定價 380元

黃禹森帶著相同的信念，用60天、35000元、超過6000公里路途騎著一台摩托車，踏遍東南亞。

我不是叛逆，只是想活得更精彩：
小律師的逃亡日記
黃昱毓 著／定價 350元

人生沒有如果當初……想過什麼樣的生活，要靠自己去選擇。看人人稱羨的小律師，如何卸下身分光環，讓自己活得更出色。因為人生無法重來，想清楚了，就出發！

搖滾吧！環遊世界
Hance、 Mengo 著／定價 320元

面對未來，還在躊躇不前嗎？夢想夠多了，你需要的其實是勇氣。跟著Hance&Mengo的腳步，展開一場橫跨4大洲、21國，為期365天的精采旅程！

瘋路跑：從最正統到最瘋狂，195場讓你大呼過癮的路跑賽事！
娜塔莉‧希瓦 著／彭小芬 譯／定價 460元

跑遍世界，超乎你的想像！從最正統到最瘋狂，195場讓你大呼過癮的路跑給不安分的靈魂，來一場瘋狂的Road running！

關西單車自助全攻略：無料達人帶路，到大阪、京都騎單車過生活！
Carmen Tang 著／定價 350元

到關西騎單車吧！用最適合的速度、最獨特的視野，體驗大阪、感受京都，來一趟優閒的自轉車之旅。

樂遊台灣

あなたに見せたい
ときめきの台湾

30 個此生必遊的台灣景點，帶你玩出最不一樣的道地滋味

作　　　者　樂寫團隊	總 代 理　三友圖書有限公司
編　　　輯　鍾宜芳、林憶欣	地　　址　106台北市安和路2段213號4樓
校　　　對　鍾宜芳、吳雅芳、樂寫團隊	電　　話　(02) 2377-4155
美 術 設 計　吳靖玟	傳　　真　(02) 2377-4355
	E - m a i l　service@sanyau.com.tw
發 行 人　程顯灝	郵 政 劃 撥　05844889 三友圖書有限公司
總 編 輯　呂增娣	
主　　　編　徐詩淵	總 經 銷　大和書報圖書股份有限公司
編　　　輯　林憶欣、黃莛勻	地　　址　新北市新莊區五工五路2號
鍾宜芳、吳雅芳	電　　話　(02) 8990-2588
美 術 主 編　劉錦堂	傳　　真　(02) 2299-7900
美 術 編 輯　吳靖玟	
行 銷 總 監　呂增慧	製 版 印 刷　卡樂彩色製版印刷有限公司
資 深 行 銷　謝儀方、吳孟蓉	
	初　　版　2019年05月
發 行 部　侯莉莉	定　　價　新台幣 350元
財 務 部　許麗娟、陳美齡	I S B N　978-957-8587-71-7（平裝）
印 務 部　許丁財	
出 版 者　四塊玉文創有限公司	

樂寫團隊

張琬菁、吳孟霖、顏正裕、齋藤みず穗、遇有望、
朱榕珊、黃翌禾、陳容凰、洪舜傑、王琇媛、
何健銘、朱思瑜、余子悅、郭怡青、黃靖純、
林郁峯、陳京琴、莊雅馨、詹宜芳、吳乙心、
戴宛宣、高鈺燕、李青璟、龍珮寧、游明珍、
王耀棋、吳佳芬、林宛柔、王怡蓁、李怡儀、張鈞富

國家圖書館出版品預行編目 (CIP) 資料

樂遊台灣：30 個此生必遊的台灣景點，帶你玩
出最不一樣的道地滋味 / 樂寫團隊作 . -- 初版 .
-- 臺北市：四塊玉文創, 2019.05
　面；　公分
ISBN 978-957-8587-71-7（平裝）

1. 臺灣遊記
733.69　　　　　　　　　　　　108005894

地址： ＿＿＿＿ 縣/市 ＿＿＿＿ 鄉/鎮/市/區 ＿＿＿＿ 路/街

＿＿ 段 ＿＿ 巷 ＿＿ 弄 ＿＿ 號 ＿＿ 樓

廣 告 回 函

台北郵局登記證

台北廣字第2780號

三友圖書有限公司 收
SANYAU PUBLISHING CO., LTD.

106 　台北市安和路2段213號4樓

三友圖書
讀書俱樂部

「填妥本回函，寄回本社」，
即可免費獲得好好刊。

▼

＼ 粉絲招募歡迎加入 ／

臉書／痞客邦搜尋

「四塊玉文創／橘子文化／食為天文創
三友圖書 —— 微胖男女編輯社」

加入將優先得到出版社提供的相關
優惠、新書活動等好康訊息。

四塊玉文創╳橘子文化╳食為天文創╳旗林文化
http://www.ju-zi.com.tw
https://www.facebook.com/comehomelife

親愛的讀者：
感謝您購買《樂遊台灣：30 個此生必遊的台灣景點，帶你玩出最不一樣的道地滋味》一書，為感謝
您對本書的支持與愛護，只要填妥本回函，並寄回本社，即可成為三友圖書會員，將定期提供新書
資訊及各種優惠給您。

姓名＿＿＿＿＿＿＿＿＿＿＿＿＿＿＿　出生年月日＿＿＿＿＿＿＿＿＿＿＿＿＿＿＿

電話＿＿＿＿＿＿＿＿＿＿＿＿＿＿＿　E-mail＿＿＿＿＿＿＿＿＿＿＿＿＿＿＿＿＿

通訊地址＿＿＿＿＿＿＿＿＿＿＿＿＿＿＿＿＿＿＿＿＿＿＿＿＿＿＿＿＿＿＿＿＿

臉書帳號＿＿＿＿＿＿＿＿＿＿＿＿＿＿＿＿＿＿＿＿＿＿＿＿＿＿＿＿＿＿＿＿＿

部落格名稱＿＿＿＿＿＿＿＿＿＿＿＿＿＿＿＿＿＿＿＿＿＿＿＿＿＿＿＿＿＿＿＿

1 年齡
□ 18 歲以下　　□ 19 歲～ 25 歲　　□ 26 歲～ 35 歲　　□ 36 歲～ 45 歲　　□ 46 歲～ 55 歲
□ 56 歲～ 65 歲　　□ 66 歲～ 75 歲　　□ 76 歲～ 85 歲　　□ 86 歲以上

2 職業
□軍公教 □工 □商 □自由業 □服務業 □農林漁牧業 □家管 □學生
□其他＿＿＿＿＿＿＿＿＿＿＿＿＿＿＿＿＿＿＿＿＿

3 您從何處購得本書？
□博客來　□金石堂網書　□讀冊　□誠品網書　□其他＿＿＿＿＿＿＿＿＿＿
□實體書店＿＿＿＿＿＿＿＿＿＿＿＿＿＿＿＿＿＿

4 您從何處得知本書？
□博客來　□金石堂網書　□讀冊　□誠品網書　□其他＿＿＿＿＿＿＿
□實體書店＿＿＿＿＿＿＿＿　　　□ FB（三友圖書 - 微胖男女編輯社）＿＿＿＿＿
□好好刊（雙月刊）　□朋友推薦　□廣播媒體

5 您購買本書的因素有哪些？（可複選）
□作者 □內容 □圖片 □版面編排 □其他＿＿＿＿＿＿＿＿＿＿＿＿＿＿

6 您覺得本書的封面設計如何？
□非常滿意 □滿意 □普通 □很差 □其他＿＿＿＿＿＿＿＿＿＿＿＿＿＿

7 非常感謝您購買此書，您還對哪些主題有興趣？（可複選）
□中西食譜 □點心烘焙 □飲品類 □旅遊 □養生保健 □瘦身美妝 □手作 □寵物
□商業理財 □心靈療癒 □小說 □其他＿＿＿＿＿＿＿＿＿＿＿＿＿＿

8 您每個月的購書預算為多少金額？
□ 1,000 元以下　　□ 1,001 ～ 2,000 元 □ 2,001 ～ 3,000 元 □ 3,001 ～ 4,000 元
□ 4,001 ～ 5,000 元 □ 5,001 元以上

9 若出版的書籍搭配贈品活動，您比較喜歡哪一類型的贈品？（可選 2 種）
□食品調味類　　　□鍋具類 □家電用品類　　□書籍類 □生活用品類　　□ DIY 手作類
□交通票券類　　　□展演活動票券類 □其他＿＿＿＿＿＿＿＿＿＿＿

10 您認為本書尚需改進之處？以及對我們的意見？
＿＿＿＿＿＿＿＿＿＿＿＿＿＿＿＿＿＿＿＿＿＿＿＿＿＿＿＿＿＿＿＿＿＿＿＿

感謝您的填寫，
您寶貴的建議是我們進步的動力！